CHRIS

CW00429228

L'ALCHIMIA INTERIORE

Trova la strada di casa
attraverso il caos

Titolo | L'Alchimia Interiore
Autore | Chris Tomei

Per tutte le anime in cammino che hanno sofferto e non si sono mai arrese.

Sommario

Introduzione

L'alchimia è una scienza esoterica che ha varie sfaccettature, tra cui quella di saper interpretare, o meglio, imparare a trasmutare gli eventi, gli episodi e le situazioni della nostra vita in crescita, forza e consapevolezza; tramite essa viviamo dei processi che ci aiutano a evolvere. Una definizione più specifica su Wikipedia dice: *"L'alchimia è una scienza esoterica il cui primo fine era trasformare il piombo, ovvero ciò che è negativo, in oro, ovvero ciò che è positivo nell'uomo, per fargli riscoprire la sua vera "natura interna", il proprio Dio."*

In questo libro prenderemo in esame in particolar modo *l'alchimia interiore*, elencando i principali processi che ci aiuteranno a "trasformarci" in *esseri migliori*: la versione autentica di noi stessi.

Seguendo la linea guida dei miei precedenti scritti, ci muoveremo tra conscio e inconscio, tra mondo interiore e mondo esteriore, essendo entrambi, sempre correlati.

Come punto di riferimento (o richiamo) per spiegare specifici passaggi e processi, prenderemo il fiore di loto come esempio (metafora). E' un fiore che come sappiamo bene, cresce nel fango, sostanza vista come un qualcosa di ripugnante e di sporco. Eppure esso prende tutti gli elementi presenti in questo "materiale" come nutrimento per sbocciare e fiorire.

Dalla natura (e tutto il creato) possiamo apprendere tanto, come ad esempio la sua *magia* e forza, *elementi* che regnano è sono presenti anche dentro di noi.

In egual modo, attraverso questo "fango" (ovvero le situazioni stagnanti che ci rallentano e talvolta ci bloccano), possiamo sbocciare anche noi e vivere una vita florida e ricca di ogni flusso di benessere; e sopratutto possiamo superare - sempre attraverso un processo interiore - le nostre "prove della vita".

Ognuno di noi vive delle situazioni dure e spesso anche episodi abbastanza forti che ci buttano a terra, lasciandoci demotivati e senza energia.

Ed è qui che entra in gioco *l'alchimia interiore,* come la luce non esisterebbe senza le ombre, così senza la sofferenza l'essere umano non riuscirebbe a crescere e svilupparsi. Tutto inizia analizzando la nostra "ampolla emotiva" mescolando gli *elementi* per la loro trasformazione.

L'alchimia interiore, se compresa, ci aiuta a maturare, a rafforzarci e far uscire tutto il nostro vero potenziale... e sbocceremo come il fiore di loto.

P.s. Per assimilare bene ogni passaggio, prendetevi il tempo che vi occorre per svolgere gli esercizi con calma, in modo da comprendere bene quali sono i "bagagli" (zavorra emotiva) da elaborare per poi poterli lasciar andare.

Capitolo 1:
Trascendere la dualità

"L'oscurità ha una sua funzione nel creato, il suo ruolo è importante quanto quello della luce. L'uomo si evolve tanto attraverso l'avversità quanto nella benevolenza. La sofferenza istruisce quanto la beatitudine. Il dolore acceca l'uomo a questa verità,...ma la verità resta. Gli opposti si incontrano. La dualità si fonde. Il bene e il male servono lo stesso unico eterno."
– J.M. De Matteis

Siamo figli del creato, per quanto scettici possiamo essere, siamo esseri divini, fatti della stessa materia delle stelle. Diversi studiosi attraverso l'archeologia e le loro ricerche, affermano che anche gli Dei un tempo camminavano sulla terra, in un percorso simile al nostro.

Quando "scendiamo" in questa realtà per sperimentare la vita umana, ci vengono offerti vari percorsi che ci porteranno a evolvere.

Tutto muta nell'Universo.

Sempre gli studiosi, dicono che il nostro destino è verso le stelle. Ma "cadendo" in questa realtà, è come se la nostra parte divina venisse velata o occultata, fino a quando non viviamo degli episodi "tosti" che ci aiutano a realizzare la nostra vera forza.

L'Alchimia Interiore ci aiuta proprio in questo: riscoprire noi stessi attraverso le prove, il dolore, le ferite, ma anche la bellezza, l'amore, la compassione e il perdono... Questo ci permette di realizzare la nostra completezza e di trovare il significato (o lo scopo) del nostro viaggio terreno.

Usiamo termini come "negatività" e "positività", "bene" e "male", per descrivere dei concetti o per definire delle situazioni, ma se andiamo oltre, guardando il quadro completo, ci renderemo conto - come abbiamo già detto - che non esisterebbe l'uno senza l'altro.

Se riusciamo a riappacificarci con noi stessi, e lavorare in modo costante, senza stressarci o esagerare, possiamo sviluppare un'intelligenza emotiva che ci aiuterà a gestire meglio il dolore e dominarlo, realizzando poi, che "l'accaduto" non è frutto del caso.

Questo ci aiuterà ulteriormente - citando l'aforisma sopra - a non "farci acceccare" dalle emozioni, e quindi a non deviare il nostro cammino di crescita. Di conseguenza daremo l'opportunità a noi stessi di NON trasformarci in qualcosa che non siamo, rimanendo fedeli alla nostra pura natura; Affinchè accada questo, è importante fare un quadro completo della nostra vita, raccogliendo ricordi, situazioni, ferite emotive e tutto quello che ci aiuti a creare una sorta di puzzle.

E' un pò come quando viviamo un qualcosa di sgradevole nella nostra vita, in particolar modo sulla nostra persona: se ci soffermiamo sul dolore non riusciremo mai ad andare oltre, e quello che seguirà saranno lasciti di quell'episodio. Di conseguenza, si creeranno dei condizionamenti, delle convinzioni e delle idee distorte su chi siamo e su quello che crediamo di non poter fare. L'austima scenderà, così come la fiducia in noi stessi, quindi come "contromisurà" non basterà solo comprendere l'accaduto (che potrebbe essere un tradimento, una delusione, un inganno e simili), ma occorrerà anche coltivare della qualità e sbloccare delle "forze" già insite e presenti in noi, come ad esempio la determinazione, la persistenza, la già menzionata fiducia, la compassione, la pazienza, il coraggio, ecc… (più avanti le analizzeremo una ad una).

Tramite questo lavoro, riusciremo non solo a superare le nostre situazioni dolorose, ma anche a trarne degli insegnamenti e delle lezioni e in breve trasformeremo ogni cosa in "oro"… Un qualcosa di veramente prezioso per noi.
Diventeremo consci che senza quell'accaduto, non avremmo mai avuto un *passaggio* da uno stato interiore ad un altro, che poi ci aiuterà a realizzare la vita così come la vogliamo: in pace, equilibrio e armonia.

Questa è *L'Alchimia Interiore*: si prende ogni ricordo, ogni situazione, ogni ferita emotiva, ogni dolore…e lo si trasforma in conoscenza, sapienza e saggezza, vero "oro" o meglio "luce" per il nostro cammino.

Per avere questa "trasmutazione", è

fondamentale non solo vivere queste situazioni dure, ma anche e sopratutto in primis accettarle e affrontarle, altrimenti non solo si ripeteranno, ma saranno sempre più difficili da vivere e incrociare.

Anche se il nostro ego da una parte cercherà sempre di farci evitare ogni sorta di dolore e fastidio per proteggerci, occorrerà andare oltre la "via terrena", per trascendere la dualità e dare il volante alla nostra anima che ci aiuterà a realizzare un unico quadro completo, formato da elementi che sembrano opposti ma in realtà fanno tutti parte della stessa equazione, o per rendere meglio l'idea, un unico panorama da attraversare in questo grande e lungo viaggio chiamato vita.

Capitolo 2:
I primi passi nel nostro cammino terreno

L'inizio è la parte più importante del lavoro.
*- **Platone***

Tutte le persone, gli episodi e gli insegnamenti che vanno dal periodo dell'infanzia a quello dell'adolescenza, avranno un significato (e un impatto) forte e profondo sulla nostra vita. Soprattutto, se non comprendiamo bene cosa è accaduto in specifiche situazioni, potrebbe farci deviare dalla nostra strada, per mezzo degli schemi che si sono creati in modo "distorto"; Ecco perchè è importante elaborarli per bene, cosicchè ci aiuteranno a realizzare cosa abbiamo vissuto realmente e cosa abbiamo registrato dentro.

Se il passato vi fa paura o vi crea disagio e dolore per mezzo di alcuni ricordi più *dolorosi*, procedete con calma. Fare un tuffo "all'indietro" non deve per forza diventare (o restare) la nostra "casa degli orrori" dove tutte le nostre emozioni più forti ci bloccano... Sicuramente abbiamo anche dei ricordi belli.

Ma il motivo principale del perchè è importante affrontare quello che ancora ci fa male, è per darci l'opportunità di essere liberi dal dolore; in più anche la nostra prospettiva e idea di vita cambierà.

Attraverso questo lavoro, riusciremo a vedere il nostro percorso come un lungo e piacevole viaggio, e non come un percorso pieno di agonie, lotte e difficoltà.

Ricordate quello che ho scritto nel capitolo precedente: la dualità va trascesa o se preferite, vista come un' unica grande medaglia.

Nella mia vita ho fallito innumerevoli volte, ma quello che non comprendevo durante il fallimento, erano le lezioni che venivano a me. Dopo aver elaborato bene il tutto, compresi che tramite quegli avvenimenti "andati a male" sono riuscito ad ottenere il successo che ho oggi; Non parlo della mia carriera di scrittore, quello è un risultato, parlo del mio stato di salute attuale, che ho oggi, della pace che dimora adesso dentro di me, della felicità che da tanto tempo ho agognato, per l'amore che prima non comprendevo di avere dentro e che ora vivo giorno dopo giorno amplificandolo con una meravigliosa compagna.

Attraverso tutte quelle situazioni e grazie a tutte le persone che mi hanno fatto del male, oppure con cui ho avuto dei litigi e delle delusioni, ho realizzato i concetti e gli schemi primari che che mi hanno portato a vivere una vita piena di frustrazione.

Un altro punto che occorre comprendere è quello del "programma standard" che ci viene proposto o meglio inculcato dalla società: *vai a scuola, finisci gli studi, trovati un lavoro, sposati e fai dei figli."*

Finire gli studi e farsi una famiglia per me non è sbagliato, ma molti amici e molti conoscenti del passato per aver seguito questo schema, oggi non sono felici, non hanno un buono stato di salute e non godono di una vita felice. Anche io in passato iniziai una relazione dove la mia ex ragazza voleva solo seguire le orme della madre, ma non perchè lo volesse davvero, ma per farla felice, per essere apprezzata. Ed è così che inizia l'altro "lato" della nostra vita dove ci allontaniamo ancor di più da noi stessi e per il timore di non essere accettati o "approvati", facciamo e seguiamo tutto quello che ci viene detto e che (spesso) non vogliamo fare.

Notate nelle riunioni di famiglia o feste tra "amici" quali sono le classiche domande principali? sicuramente queste:

- Ti sei sposato/a?
- Che lavoro fai?
- E i figli quando li fate?
- Che auto hai?

Raramente ti viene chiesto: sei felice?

Stai realizzando i tuoi sogni o vivendo la vita che hai sempre desiderato?

Personalmente, quando ho realizzato come queste compagnie (parenti inclusi) mi spegnessero la gioia, ho deciso di evitarle. Non perchè mi davano fastidio, altrimenti ci sarebbe stato del lavoro da fare all'interno (i classici specchi), ma perchè per loro, "realizzarsi", significa seguire la massa anche se non è quello che vogliono realmente fare. Purtroppo, ripeto, diversi amici del passato si son sposati solo per far contenti i loro genitori. Conosco un ragazzo che era un bravissimo chitarrista, suonava in una band che stava avendo un buon successo, così come il suo canale Youtube, ma poi ha conosciuto una ragazza; per costrizione - l'amore non è un compromesso - dei genitori, ha smesso di fare tutto; ha lasciato il suo lavoro, era un insegnante di musica in una scuola per ragazzi, ha rimosso i suoi video online e ha abbandonato la band (amici compresi), tutto per fare un lavoro che non gli piace e per "dare" una bambina alla moglie attuale, anche se lui non si sentiva pronto. Ora è infelice, ha messo su qualche chiletto, si è tagliato i capelli e per non sentire la sua frustrazione, beve di nascosto. Perchè vi racconto questo? Per esporre un concetto: se non siete felici, guardate attentamente la vostra vita: è davvero quella che volevate vivere?

Oppure state vivendo (e sperimentando) la vita di qualcun altro?

Ricordiamoci che l'amore - come cito anche nel mio libro *L'amore, l'energia più potente di tutto l'Unvierso* - non è un compromesso formato da catene invisibili, ma un'unione senza fili, dove è *inclusa* la libertà di essere se stessi. Il vero amore inoltre è sincero, non tiene tutto dentro. Quando ci si apre al dialogo, ci si unisce ancor di più.

La tua vita al momento è piena di "piombo"? Prendi tutto quello che hai vissuto e trasformalo in oro.

Come? Con un pò *lavoro introspettivo* e *analisi*. Prima di tutto, accetta che tutti in un modo o nell'altro siamo stati condizionati a credere e seguire determinate "fesserie".

Secondo, a tutto c'è rimedio, guarda gli ambiti della tua vita, nota quali vorresti cambiare e pensa cosa puoi fare ogni giorno per rivoluzionare la tua vita.

Una mia amica era sposata, un giorno decise di parlare con suo marito delle cose che avevano tralasciato e di come era cambiato il loro rapporto. Gli disse che non gli piaceva più stare a casa a lavare, stirare e cucinare. Così espose al marito la sua nuova passione di lavorare in un studio fotografico, adorava la fotografia. Il marito era fortemente contrario, tant'è che arrivò a costringerla a stare a casa. Tutto perchè il marito vedeva la moglie come una seconda madre che lo accudiva e lo cucinava.

Questo è un altro concetto da cestinare: il

matrimonio non è un contratto. E' un'unione dettata dall'amore, dove insieme si crea una vita, un percorso, una visione e dei progetti…

Io morirei se lasciassi a Cristina (la mia ragazza) a casa tutto il giorno a lavare e cucinare. Cavolo no! Io devo viziarla, cucinare per lei, giocare, provocarla, tenere la passione viva. E' anche un concetto che definisco "sexy", perchè c'è complicità, c'è romanticismo; Inoltre preparare la cena o il pranzo per la persona che si ama è come fare l'amore, può diventare eccitante. Tagliate gli schemi "ereditari" o quelli dei finti perbenisti. Quando state con la persona che amate sorprendetevi a vicenda, fate l'amore sul tavolo della cucina e mangiate a letto. Non si deve "invecchiare insieme", ma rimanere "giovani e cretini" (nel senso buono, folle e divertente naturalmente). Sono questi a mio parere gli schemi che vanno usati: sorprendere, giocare, provocare, divertirsi, crescere e unirsi.

Lasciate andare tutto quello che ammazza la passione per la vita. Vivete con sani principi, e cestinate le regole arbitrarie.

Dialogate con il vostro partner. Elencate (entrambi) cosa vi piacerebbe fare o cambiare.

Parlare di mete, di viaggi, di sogni, passioni, ecc… e se c'è qualcosa (del passato) che avete tralasciato, affrontatelo e chiaritevi.

Non lasciate degli irrisolti.

Sapete come è andata a finire la storia della mia amica che voleva fare la fotografa? Tutt'ora svolge il lavoro che ama fare, il "mammone" non c'è più (ha divorziato) e lei è felice. Si è messa in gioco, e anche se al momento non gli interessa una relazione, sta vivendo la vita che voleva vivere. L'altro giorno al telefono mi ha detto queste specifiche parole: *"Ho cessato di fare la schiavetta e ho compreso quanto mi mettevo da parte"*.

Non sto dicendo di dare un ultimatum al vostro partner o di andare via. Ma di guardare la vita con sincerità, apprendere quello che è successo, e con calma, ripeto, parlarne.

Fate l'amore con le parole, non con le urla e le offese.

Se al momento i vostri pensieri sono: *See vabbè! Fosse bello! Ma la vita vera è un'altra cosa! E' difficile! Ecc...* Allora significa che avete trovato i vostri condizionamenti e schemi, dove vi siete convinti che nulla si può cambiare e che ogni cosa si deve prendere così come viene, perchè magari c'è la convinzione che non siete padroni del vostro destino. In realtà, è vero il contrario: **siamo noi i creatori della nostra vita.**

Tramite i pensieri e le convinzioni che coltiviamo, creiamo ogni cosa. Vi siete mai chiesti perchè ci sono persone che tutt'ora vivono la vita che volevano e altre no? Fortuna? Non penso proprio.

Sapendo bene quello che volevano, hanno preso una decisione: hanno ascoltato loro stessi. Poi hanno agito.

Andare contro corrente richiede coraggio.

Citando *Thomas Jefferson*: *"Se vuoi qualcosa che non hai mai avuto, devi fare qualcosa che non hai mai fatto."*

Tutti abbiamo forza e volontà.

Ma spesso decidiamo di non credere nè in noi stessi nè nei nostri sogni, proprio perchè non abbiamo "alchimizzato" le situazioni che hanno distrutto la nostra autostima, di conseguenza non sappiamo come cambiare ogni cosa, nè crediamo sia possibile, per due motivi principali:

1) per mezzo delle nostre attuali convizioni limitanti

2) perchè non sempre siamo consci del nostro potenziale.

Inoltre, la paura di deludere o meglio di non fare quello che rende felice gli altri, ci rende loro prigionieri.

Ma sappiamo bene che l'elemosinare attenzioni o ricercare l'approvazione altrui, non ci renderà mai veramente felici.

Vuoi far prendere il volo alla tua vita? Allora smettila di stare con i polli e libera le tue "ali".

Ricapitolando, le prime esperienze che facciamo, così come il nostro imprinting familiare, ci aiuteranno a capire perchè abbiamo sperimentato una vita che non sempre rispecchiava il nostro volere. Comprenderemo anche gli episodi da cui tuttora fuggiamo o che abbiamo definito "fallimentari".

Un ulteriore passo che ci aiuterà, sarà quello di osservare e analizzare le dinamiche familiari, sia quelle della nostra famiglia, sia di tutte le altre che abbiamo conosciuto (e che tutt'ora conosciamo), che se comprese ci lasceranno una marea di messaggi e insegnamenti.

La vita che cominciamo dopo gli studi, è di solito la vita che ci hanno indotto di seguire, come scrivo anche negli altri libri (in particolare nel libro *The Door*), anche le convinzioni che abbiamo fatto nostre, dovranno essere esaminate, perchè saranno tutti passaggi fondamentali per comprendere il perchè (e il come) ogni cosa è accaduta o è andata in un certo modo.

Il motivo non sarà quello di incolparsi, ma di liberare se stessi.

Questa è la fase iniziale del processo di alchimia: *Analizza il tuo passato.*

Da qui riusciremo a creare un filo conduttore fino all'età adulta; non si tratta di cercare il *colpevole*, ma bensì la causa che ha generato l'effetto, un pò come le tessere del domino o se vogliamo, a mò di *"effetto farfalla".*

Facciamo alcuni esempi per analizzare cosa ha potuto lesionare la nostra autostima e di conseguenza trascurare la nostra persona: Gli elementi possono essere vari, ma di solito son sempre gli stessi: la famiglia come già detto, la scuola, in particolar modo i bulli, la relazioni o il credo che ci hanno indotto (o costretto) a seguire, dove nella maggior parte dei casi, sopratutto in Italia, si ripete sempre lo stesso mantra *"siamo imperfetti e peccatori e non meritiamo il perdono di Dio"*.

Questo non fa altro che alimentare anche un inutile senso di colpa e disagio che ci porta a diventare repressi, perchè si crea un *timore reverenziale* di esprimersi e "un'incredulità" verso la realizzazione di se stessi; quindi il passo successivo, sarà quello di osservare il modus operandi, la "mentalità" e gli schemi tipici della società (o della massa), in modo da realizzare come la maggioranza agisce in maniera *automatica* (da automa). Tramite quest' analisi possiamo notare le *maschere* che ci vengono indotte a seguire per apparire dei perfettini timorosi di "Dio" (leggasi: della società e del parere altrui).

Non è un invito a giudicare gli altri, ma di aprire gli occhi per vedere la realtà così com'è ed essere sinceri e onesti con noi stessi, realizzando se anche noi stiamo usando gli stessi schemi in modo passivo (senza rendercene conto).

Questo ci aiuterà a capire se stiamo usando la nostra mente, o se l'abbiamo resa una *proprietà altrui*.

Traendone delle lezioni, possiamo ringraziare (in silenzio, nella nostra mente) queste persone per averci mostrato quali risultati porta ad avere una maschera. Imparando a guardarci dentro, a perdonarci per aver fatto lo stesso e per esserci trattati male, ci aiuterà a rafforzare il rapporto e il dialogo con noi stessi.

Quello che forse sembrerà difficile fare (ma solo all'inizio) è lavorare sui nostri punti ombra: ovvero su tutti i fastidi e i "lati" di noi che non vogliamo accettare, ma come tutte le cose, l'importante è iniziare e fare i primi passi.

L'errore che facciamo e che spesso pensiamo, è credere che sia troppo tardi per iniziare questo processo.

Spesso ci creiamo il problema dell'età: ci convinciamo che siamo "troppo vecchi" per cambiare.

Personalmente ho conosciuto persone che con i loro sessanta e passa anni, sono riusciti in poco tempo a rivoluzionare la loro vita grazie a una forte determinazione.

Son sicuro che fin quando siamo qui, la nostra missione continua, e che quindi c'è tempo per tutto.

Sapete quando si diventa vecchi?

Proprio quando smettiamo di vivere, giocare, ridere, appassionarci, leggere, ricercare, esplorare, fare l'amore, …in breve, quando smettiamo di goderci il dono della vita.

Cara lettrice (o lettore) ti pongo delle domande: Ti senti realmente vecchia/o? Oppure la realtà è che la stanchezza che provi non è altro che una forte demotivazione dettata da un mancanza di energia e sfiducia in te stessa/o per quello che hai vissuto e che stai vivendo tuttora?

Se la risposta è la seconda, non disperare.

Ripeto: c'è tempo!

L'importante è non arrendersi.

Un altro tipico comportamento che ci demotiva è paragonare la nostra vita a quella degli altri. Dobbiamo comprendere che ognuno di noi ha il suo percorso e il nostro compito non dev'essere quello di diventare migliore di qualcuno, ma di essere sempre più autentici e veri.

Rammenta gli anni passati della tua vita. Rivivili come un film (mentale).

Son sicuro che anche tu hai vissuto delle situazioni simili (se non uguali) a quelle che ho menzionato nelle pagine precedenti. Come ad esempio i genitori che forse non ti hanno sempre supportato e dato l'amore che meritavi, oppure le persone che reputavi *amici,* notavi che se la pensavi come loro ti accettavano, mentre se esprimevi un parere diverso, con la tua testa dicevano *"sei strano/a".*

Sii felice, perchè una volta usciti da questo *manicomio* dove tutti vogliono il certificato di approvazione, raggiungerai il vero successo della tua vita: ESSERE I VERI SE STESSI, autentici.

Se ti sei sentito inadeguato, a disagio e fuori dal coro, realizza che era la tua anima che ti stava parlando; Essa cercava di farti comprendere chi sei e cosa meriti realmente.

Aldilà di tutte le persone che non ti hanno apprezzato, amato e riconosciuto la tua preziosità, tu puoi farcela e vivere la vita che hai sempre desiderato!

MA, solo se inizi a credere in te stesso.

Quindi anima amica, prendi questo bel bagaglio che è il *passato*, analizzalo - magari con un quaderno e delle foto - e renditi conto che anche sei hai sofferto, stavi sperimentando una parte del quadro, realizzando tutte le illusioni (e delusioni) ma anche tutti gli schemi (e condizionamenti), ed è proprio grazie a questa prima facciata che riuscirai a comprendere cosa evitare e cosa NON fare.

Senza l'amaro, non si apprezza il vero gusto del dolce. Citando il film Mulan: *"Il fiore che sboccia nelle avversità è il più raro e il più bello di tutti"*.

Anche se inizialmente noterai come alcuni vecchi radicamenti avranno bisogno di più impegno ed allenamento per sradicarli, non demordere, questo non significa che sarà impossibile, ma solo un tantino *duro* (giusto all'inizio). Grazie ad essi, realizzerai come tu non solo sei molto più forte, ma anche pieno di capacità e doni.

Capitolo 3:
La via dell'anima libera

"Posso scegliere se essere una vittima del mondo o un avventuriero in cerca di tesori. È tutta una questione di come vedo la mia vita".
- Paulo Coelho

Vi siete mai chiesti cosa nello specifico non vi permette di vivere la vita che meritate?

In passato mi sono posto la stessa domanda, notai che c'era sempre di mezzo il passato e la mentalità che abbiamo creato.

Ognuno di noi ad esempio, ha radicato un qualche limite fittizio o una convinzione limitante che lo frena. Spesso sono così radicate che se qualcuno cerca di farci credere il contrario, iniziamo a schernirlo o urlargli in faccia.

Perchè?

Per due motivi principali:

1) perchè abbiamo paura

2) per proteggerci dal dolore ci rifiutiamo categoricamente di affrontare la realtà e di

credere in un possibile cambiamento.

Dovrebbe essere il contrario, il fatto stesso che possiamo cambiare la nostra vita dovrebbe eccitarci, ma spesso abbiamo radicato un forte timore che porta a rinchiuderci in noi stessi.

Per uscire fuori da questa "tana" e manifestare ciò che vogliamo, occorre ripetere dei passaggi o meglio, dei rituali quotidiani che ci aiutino a creare nuove connessioni mentali (neuroplasticità). Ne parlo anche nel libro *"Introduzione alle Leggi Universali",* la nostra mente è piena di "archivi" registrati sin dalla nascita. Nell'insieme – tra le nostre esperienze e quello che abbiamo appreso – si crea tutta una mappa mentale e concezione (o idea) che abbiamo della vita. Ognuno di noi ha la propria visione e prospettiva, così come le proprie convinzioni.

Se abbiamo lavorato su noi stessi e abbiamo affrontato le nostre paure, i timori e i dubbi, di rado saranno presenti dei "freni" nei nostri pensieri, perchè abbiamo sviluppato una forte fiducia in noi stessi. Se viceversa siamo sempre fuggiti e non ci siamo messi in gioco, la vita rifletterà le nostre paure, ferite e dolori ancora irrisolti.

Pragmaticamente come possiamo liberarci da tutte queste limitazioni e timori mai affrontati?

Proprio andando nella direzione che evitiamo da anni: "verso la tempesta emotiva".

L'altro giorno parlavo con una mia amica, mi chiese perchè le sue relazioni si ripetessero sempre nello stesso modo e nelle sue parole c'erano queste affermazioni: *"non ce la faccio, son sicura di non piacere, non sono all'altezza, è difficile, ho paura, tanto è tutto inutile"* e simili.

Sono le affermazioni che sento maggiormente.

Anche io in passato le ripetevo a me stesso.

Quello che spesso (o sempre) sottovalutiamo, è che una frase ripetuta diventa un'affermazione, e un'affermazione continua, diventa una convinzione... e le nostre convinzioni dettano le nostre azioni che creano i nostri risultati.

Inoltre quando non abbiamo un rapporto profondo con noi stessi, non ci rendiamo conto neanche di quello che sentiamo nelle situazioni dove la nostra emotività viene messa alla prova. Il mio intento non è quello di scoraggiarvi, ma indurvi a riflettere, riconoscere e mettere a fuoco le abitudini principali che ci fanno deviare dalla vita che ognuno di noi merita.

Fin quando non ci osserviamo attentamente e realizziamo i nostri "circoli viziosi" che ogni giorno svolgiamo, alimentiamo e diamo potere, nulla o poco cambierà.

Chiarirsi con se stessi e notare quali sono gli *autosabotamenti* a cui diamo energia (che siano parole, pensieri, emozioni o azioni), è fondamentale per "sbloccarsi" e liberarsi.

Conosco una ragazza che creò uno "scudo emotivo" pur di non sentire le sue emozioni. Da piccola era stata abbandonata dal padre, e nelle sue relazioni si rifletteva la convinzione di non meritare amore. Se qualche situazione toccava "vecchi tasti emotivi" (nervi scoperti), fuggiva e spegneva le emozioni, negando la realtà, velando la verità e tenendosi occupata; Questo "schema" la portò ad ammalarsi.

Quando la mente rifiuta il dolore, il corpo somatizza e risponde, dandoci precisi messaggi. Tutto inizia con piccoli disturbi, che poi diventano cronici, a seguire ci si ammala, e infine si crea una condizione salutare pericolosa, dove il corpo è agli estremi, perchè sta andando troppo oltre.

Sicuramente sarete d'accordo che non vale la pena evitare tutto quello che al momento ci fa star male, per poi stare peggio e vivere un'agonia continua, creando una gabbia o prigione mentale.

Essere coraggiosi ci aiuterà nel processo di guarigione e "trasformazione del dolore". Cessando di credere di essere degli incompetenti o di non farcela, smetteremo di rimandare e procrastinare il lavoro che ci permetterà di vivere bene, in salute, liberi e felici da ogni tormento interiore.

Smettiamola di circondarci di scuse come: *"sono troppo vecchio, ormai la mia vita è passata, dovevo farlo prima, ormai è troppo tardi, ecc..."*

VUOI CAMBIARE LA TUA VITA?

Se si, prendi la decisione di smettere di credere e dar potere alla tua mente e a tutti quei pensieri che ti fanno dubitare di te stesso.

NON SONO VERI.

Sono solo impulsi elettrici, spesso dettati dall'insicurezza, che non è una malattia, ma una condizione mentale dettata dalla mancanza di fiducia.

Desideri rivoluzionare ogni cosa?

Ti serviranno gli strumenti che sono già presenti dentro di te; anche se forse non sempre li hai usati del tutto o non eri conscio di averli già, noterai come essi si mostreranno a te.

Qualità come il coraggio, la volontà, il discerminento, la persistenza, la determinazione, la concentrazione…usciranno fuori e saranno sempre più presenti.

Ogni muro cadrà attraverso il "risveglio" delle tue potenzialità interiori.

Ricorda di avere pazienza e di non correre. Impara a goderti ogni singolo passo e scoperte e per fare questo dovrai anche svolgere nuove attività che ti aiuteranno a rimanere calmo e sereno, come la meditazione. Un ulteriore buona abitudine sarà quella di cambiare alimentazione per ritrovare le energie che credevi di non avere; inoltre mangiare sano aiuta tanto, non solo al corpo, ma anche alla mente.

Per prima cosa devi "ritrovare" il bambino

interiore che è in te; forse ha smesso di giocare e sognare. Liberalo dalle costrizioni del passato e fallo tornare a esprimere se stesso.

In seguito, occorrerà allenarsi per sviluppare e fortificare la tua intelligenza emotiva; saper gestire le proprie emozioni e guidare la propria mente sono altri passaggi fondamentali.

Tutto questo ti aiuterà a liberare la tua anima, il tuo spirito, ad alleggerire il tuo carico emotivo e ritornare ad essere felice e spensierato.

Nelle prossime pagine elencherò tutti i passaggi per iniziare questo processo di *alchimia interiore*.

Sei pronto a trasformare il piombo in oro?

Capitolo 4:
Cambia la tua realtà

"Gli anni migliori della tua vita sono quelli in cui decidi che i tuoi problemi sono tuoi. Non li incolpi di tua madre, dell'ecologia o del presidente. Ti rendi conto che controlli il tuo destino. "
- Albert Ellis

Una volta riconosciute e analizzate le principali cause che non ci permettono di vivere la vita che vogliamo, possiamo procedere verso i passi successivi.

Conoscere tutto quello che non ci aiuta a fiorire è il primo "step" per stravolgere la nostra vita. Tramite la crescita interiore e il lavoro su noi stessi, potremo aprirci come un loto sbocciando, facendoci strada attraverso tutta la "melma emotiva" a cui abbiamo dato potere, traendone inoltre degli insegnamenti.

Elencherò i principali strumenti che ci aiuteranno a trasmutare (correggere) i programmi della nostra mente che al momento ci auto-sabotano, per poi "installarne" dei nuovi più funzionali e costruttivi.

Ricordati, anche se inizialmente (forse) non raggiungerai subito il tuo obiettivo e avrai delle ricadute, non significa che tu sia incapace, ma che semplicemente ogni cosa ha i suoi tempi e tutto si radicherà man mano. L'importante è smettere di ripetersi affermazioni contrarie e limitanti. Quindi sforzati di cambiare attitudine e applicare il tutto come quando giochi: anche se perdi una partita, ne puoi giocare sempre un'altra e divertirti mentre impari; Puoi usare lo stesso modus operandi con questo processo.

Alle volte tendiamo a rifiutare le soluzioni e a vederle come ostacoli o "pericoli", perchè il cambiamento ci fa paura e richiede coraggio, stessa cosa vale per le azioni: tendiamo a procrastinarle. Se riusciamo ad accettare che sono tutti schemi di una "difesa fittizia", perchè non ci aiutano (nè appunto ci proteggono) ma ci spingono solamente a rimanere nella "comfort zone" (quindi bloccati), allora capiremo che è tempo di muoverci e cambiare, altrimenti noteremo che giorno dopo giorno tutto diventerà sempre più "stagnante".

Se vogliamo realmente *seguire il flusso,* occorre fare quello che non abbiamo mai fatto prima: tuffarci e lasciarci andare con spirito e forza. Questo non significa che dovremo stare sempre nel disagio per crescere e andare avanti, difatti alle volte, basterà aprire gli occhi, osservare il mondo (e le situazioni) in cui viviamo e osservarci dentro non con giudizio ma con amore, sempre per comprendere cosa realmente ci frena dall'agire, realizzare cosa stiamo provando… e quali sono i prossimi passi da fare.

Credi in te stesso, segui la tua visione e la vita che vuoi prenderà sempre più forma, manifestandosi man mano sul tuo cammino.

So cosa stai pensando:

"ok, belle parole, ma come?"

Inizia ritagliandoti del tempo, stacca tutte le spine (anche quelle mentali), vai in un posto tranquillo, crea la tua "fortezza della solitudine" (come quella di Superman), e da lì inizia a guardare tutta la tua vita. Rammenta tutti i momenti più belli che ti fanno ancora ridere, e osserva gli episodi che ancora ti fanno male.

Poi pensa a quello che stai vivendo, nota come sono gli ambiti della tua vita e analizza perchè alcuni non vanno come vorresti.

Da qui, prendi il tuo quaderno (o diario) e annota i risultati attuali.

Fai una ricerca a retroso.

Esempio: *Le mie attuali relazioni non sono come vorrei, ho amici che mi chiamano solo quando vogliono e le persone con cui esco vogliono solo sesso. Nessuno vuole impegnarsi in una relazione seria. Attiro solo coloro che vogliono altro.*

Conscio di questo, realizza cosa ti sta mostrando la vita: quali specchi e ombre noti nelle altre persone? Potrebbe essere che è forse tempo di rispettarsi maggiormente e di darsi il giusto valore oppure di chiudere tutti i rapporti nocivi che ti rubano solo energia; le situazioni che vivi potrebberero essere un riflesso delle tue paure o delle tue attuali convinzioni?

Citando I. Pettimalli: *Una donna viene picchiata da bambina. Il suo programma mentale è: "Gli uomini sono violenti". Cosa tenderà a vedere questa donna nel resto della sua vita? Tenderà a notare e dunque a selezionare inconsciamente proprio quelli violenti, continuando a incontrarli. Non è che uomini buoni questa ragazza non me incontri mai. È che la sua attrazione è rivolta solo verso quelli violenti. Ecco il potere dei programmi mentali sulla vita delle persone.*

Osservati ripeto SENZA il bisogno di giudicarti, e' solo una ricerca, non una autocondanna. Ricorda che lo scopo di questo lavoro non è quello di alimentare un inutile senso di colpa, ma quello di liberarti, sbloccarti e sopratutto sanare il tuo stato interiore, per vivere in pace e in armonia con te stesso.

L'Alchimia Interiore ti aiuterà a prendere vecchie ferite ancora aperte e trasformarle in consapevolezza e di conseguenza vivrai una rinascita dello spirito.

Continuando a rafforzare il dialogo interiore con te stesso e a rivalutare l'idea su chi credi di essere, mettendo in discussione la tua immagine attuale – soprattutto notando i risultati che raccogli – troverai la "radice madre" di ogni vecchia convinzione.

Dunque, esplora la tua vita, guardala come se fosse un film da cui trarne un esame e stila la tua tesi, ma affinchè tu riesca a comprendere bene cosa realmente hai vissuto e cosa hai appreso (assorbito e assimilato) nel corso degli anni, devi innanzitutto smettere di fare tre cose:

1) "tartassarti" e quindi struggerti
2) essere duro/a con te stesso/a
3) e giudicarti

Eliminando queste cose, la tua ricerca non sarà più offuscata da sentimenti negativi.

Il tuo scopo deve essere quello di capire il "come" hai *recepito* quella situazione, e il "perchè" hai creduto che meritavi tali cose, in modo da smontare (ripeto) le tue attuali convinzioni "ostili" e a seguire anche i tuoi condizionamenti.

Seguendo questa linea guida e andando a retroso, noterai una sorta di schema cha va da generazione in generazione. Nello specifico realizzerai che il comportamento dei tuoi genitori o delle persone che ti hanno cresciuto e che ti sono state più vicine, era dettato dalle loro ferite emotive e paure, come una catena che si ripete da anello in anello, o come una tessera del domino che cade una dopo l'altra nello stesso modo.

Facciamo un esempio: se nostro padre ci ha sempre accusato di essere dei lavativi e ci ha sempre sminuito e umiliato davanti ai nostri amici…Il risultato sarà che egli manifesterà la sua paura attraverso le urla, e che il suo modo di denigrarci sarà (secondo la sua idea) una tattica per motivarci, anche se in realtà farà più danni sulla nostra psiche, distruggendo la nostra autostima.

Questo vale anche quando un genitore va via (abbandono) o non ci da amore: non ne abbiamo nessuna colpa.

Nei decenni scorsi (del ventesimo secolo) i tempi erano diversi, non c'era la conoscenza di adesso e la società era ancora più divisa di quella attuale e timorosa delle "regole". La libertà d'espressione e di realizzazione - sopratutto per i nostri genitori - veniva negata (o sopressa) spesso dai nostri nonni perchè essi proiettavano le loro paure su di loro.

Quindi, realizzerai che erano schiavi del parere altrui e che le urla e le offese non erano altro che la paura e il timore di essere giudicati o non di essere accettati dai loro "simili". Ti posso promettere che notando questo, la tua rabbia sparirà man mano, i tuoi rimorsi, il tuo odio, il tuo dolore e sentimenti simili - verso le persone più importanti della tua vita - cadranno e si dissolveranno.

Accadrà che se prima stavi male dopo questa "visione più allargata", dopo proverai compassione, pietà, e infine amore.

Una volta il mio amico Mario mi disse: *"Oggi sono andato con mio padre a mangiare il gelato. Io ho aspettato in macchina, l'ho lasciato da solo sulla panchina, ho provato un qualcosa dentro che mi ha fatto incominciare a piangere mentre lo guardavo. Ho realizzato come il suo bambino interiore è stato sempre represso e rinchiuso in stupidi doveri. Son riuscito a guardarlo nel profondo e a notare il suo dolore... Il mio odio e repulsione nei suoi confronti è sparito. Non so se glielo dirò, ma lo voglio bene, l'ho ringraziato nella mia mente"*.

Ecco cosa accade quando la magia dell'Amore ci aiuta a osservare la vita con gli occhi dell'anima: il processo di Alchimia ha inizio e tutto tramuta, cambia e non vediamo più "nemici" o "demoni", ma delle anime che ci mostrano il loro percorso talvolta tortuoso; ma sotto altri punti di vista, è un grande bagaglio che ci aiuterà a risvegliarci lasciando andare tutti i disagi che credevamo di avere, aiutandoci a riappacificcarci con noi stessi e con le persone che abbiamo intorno.

Lasciamo andare tutti i carboni ardenti che ancora tratteniamo nei nostri pugni stretti, in modo da essere liberi da tutto questo "fuoco interiore" per non ripetere gli stessi errori, ma imparando da essi per poi cambiare strada.

Ora parliamo degli strumenti che ci aiuteranno nel "processo di trasmutazione alchemica"... che parolone!

E' più bello e semplice di quanto si pensi.

La cassetta degli attrezzi

Le Sei Perfezioni: generosità, disciplina, pazienza, perseveranza, concentrazione e conoscenza trascendente.
- ***Dalai Lama***

Il perchè è importante sviluppare queste qualità lo si comprende proprio utilizzandole nella nostra quotidianetà, e l'efficacia di esse, le potremmo notare e tastare nel corso del tempo, In particolar modo in questo processo di Alchimia.

Questi strumenti personalmente mi hanno aiutato a "trasformarmi" in ciò che sono oggi: un uomo felice. Non lo scrivo per vanto, ma proprio per esporre un concetto base: senza queste "norme e facoltà" (che occorre avere sempre con sè) si procederà ad occhi chiusi.

Le principali sono citate nell'aforisma del Dalai Lama:
- Disciplina
- Pazienza
- Perseveranza
- Concentrazione (focus)

- Conoscenza (e ricerca)

In questo processo di radicamento aggiungo:
- Tenacia
- Sincerità (verso se stessi)
- Coraggio
- Auto-controllo (intelligenza emotiva)
- Elaborazione mentale
- Dialogo interiore
- Determinazione
- Positività (pensiero cotruttivo)

Questo include anche lo svolgere delle pratiche quotidiane e il coltivare nuove abitudini come:
- Meditare
- Allenarsi
- Mangiare sano
- Prendersi del tempo per stare da soli
- Rilassarsi

Naturalmente è scontato dire che ogni giorno non dobbiamo dimenticare di ridere, coccolarci (anche con un bel dolce) e giocare (divertirci). Tutti questi strumenti fungeranno da "cassetta degli attrezzi" e una volta radicati andranno a

sostituire cose come:
- Disordine
- Ansia
- Mania del controllo
- Distrazione
- Mancanza di risposte
- Cocciuttagine (testardaggine)
- Mentirsi
- Evitare la paura
- Mancanza di consapevolezza
- Impazienza e agitazione
- Titubanza
- Negatività (cronica)

Essi ci aiuteranno a diventare sempre più la migliore versione di noi stessi. E' come cambiare il guardaroba: buttiamo via i vecchi abiti usurati per sostituirli con dei nuovi più eleganti e che ci calzano alla perfezione. Naturalmente in questo libro mi limito a elencare i principali passaggi e strumenti, ma ricordate che è sempre attraverso il vostro percorso personale (e formazione) che andrete ad acquisire e approfondire il tutto e a sviluppare tali capacità.

Semina, nutri e lascia crescere

Crescere significa andare oltre la recitazione di un ruolo e riempire i buchi della personalità in modo da reintegrare la persona nella sua totalità.
- ***Bruce Lee***

Nessuno nasce onnisapiente, ne lo diventiamo con il tempo. Ma quello che accadrà continuando su questa strada, sarà il riuscire realmente a vivere una vita totalmente diversa e più appagante.

Molte volte pensiamo che per stare bene ed essere felici, abbiamo bisogno di beni materiali, il che non è sbagliato desiderare di più se per questo s'intende una maggiore comodità e spazio per se stessi e i propri cari, ma a mio parere il vero successo è proprio quello di comprendere se stessi, riuscire a "ritrovarsi" e conoscersi, per poi sviluppare una pace mentale e interiore dove realizzeremo che nulla ci manca. Una volta che permettiamo all'amore che abbiamo dentro di "uscire" aprendo il nostro cuore, riusciremo a concretrizzare la nostra completezza; Questo concctto lo spiego meglio nel mio libro *"L'amore, l'energia più potente di tutto l'Universo"*.

Abbiamo menzionato gli strumenti, ora vediamo come coltivarli e assimilarli, o meglio ancora come farli sbocciare avendo i semi già presenti al nostro interno.

Risanare l'anima
tramite il catalizzatore

"L'amore. E' uno strano mix di alchimia e destino."
– Being Erica

Uno dei simboli per eccellenza dell'Alchimia è la *Pietra Filosofale;* Nel contesto filosofico, essa è dettata o spiegata come l'elemento chiave che fa si che i metalli rozzi possano cambiare in oro, il più prezioso e lucente dei metalli.

La nostra anima vive e sperimenta situazioni delle più disparate, e se non stiamo attenti - sempre tramite quello che viviamo - possiamo deragliare dal nostro percorso e perderci. Ed è qui che l'Alchimia ci aiuta a trasformare (tramite l'apprendimento e il discernimento) questi momenti in potenti doni di luce (crescita).

Se riusciamo attraverso un'elaborazione mentale acuta, accurata e lungimirante a comprendere cosa è accaduto al nostro interno (per mezzo dell'esterno), possiamo far in modo di risanare le nostre "crepe" e realizzare come ogni episodio "duro" e doloroso ci ha aiutato a liberare la nostra luce interiore, invece di spegnerla.

Possiamo creare la nostra "personale" *Pietra Filosofale* proprio coltivando le qualità e le pratiche esposte nelle pagine precedenti.

Il fatto stesso però di conoscere quali sono gli "elementi principali" per iniziare questo percorso di trasmutazione non basta, occorre fare un minimo di ricerca (e studio) in modo da comprendere perchè determinati processi mentali si ripetono. Più avanti approfondiremo quest'altro passaggio.

Se ogni giorno vi ritagliate del tempo per approfondire e studiare queste tematiche, non solo il vostro stato emotivo migliorerà nettamente, ma i benefici saranno tanti.

Governa il tuo dono

La mente è tutto.
Ciò che tu pensi, tu diventi.
- ***Buddha***

Sin da piccoli siamo facilmente suggestionabili, qualunque cosa ci veniva detta – essendo ancora dei "cuccioli" – l'assimileremo come "verità assoluta".
Prendiamo come esempio la figura di Babbo Natale.
Alla maggior parte dei bambini viene raccontato che alla vigilia di Natale, un uomo con una folta barba bianca, grassotello e buontempone, porta i regali sotto l'albero, tramite una slitta "motorizzata" dalle sue renne volanti.
Ebbene quando cresciamo anche se smettiamo di credere a babbo natale, la nostra mente - sempre tramite quello che recepisce ed elabora a modo suo - crede ad altre storie.
Questo punto se ben capito, vi aiuterà a ridere letteralmente delle storie fasulle che avete creato su voi stessi e su chi credete di essere. Ad esempio, molti pensano di essere dei poveri

umani disagiati senza valore e senza capacità, per mezzo delle delusioni, tradimenti e situazioni dove l'autostima è stata distrutta e se ne convincono. Il tutto accade proprio per non aver messo in dubbio o elaborato quello che era successo.

Alla fin fine stiamo ancora credendo a Babbo Natale, solo che questa volta la bugia (o se preferite "favoletta") non ce l'hanno detta i nostri genitori o parenti, ma ce la stiamo raccontando da soli.

Di conseguenza la vita, (l'esterno) riflette le nostre convinzioni mentali, mostrandoci attraverso quello che stiamo vivendo e le persone che incrociamo lungo la nostra strada, come ci sentiamo da dentro; quindi gli stati mentali ed emozionali ricorrenti che abbiamo, seguono uno schema ben preciso. Se siamo feriti emozionalmente ci proteggeremo, se siamo in pace e viviamo in armonia, ci lasceremo andare senza troppe preoccupazioni, godendoci il viaggio (la vita).

Ed è proprio qui che entra in gioco *l'Alchimia Interiore*: tramite questo processo possiamo prendere tutte le storie e le convinzioni che abbiamo e trasformarle in lezioni, insegnamenti, crescita e consapevolezza.

Per fare questo, è importante trattarci con amore, in modo da eliminare del tutto la malsana abitudine di agire in modo severo verso noi stessi, lasciando andare anche il "vizio" di incolparci continuamente, dandoci degli stupidi.

Quando eri bambino, non sapevi che babbo natale era una storiella. Allo stesso modo, potresti tutt'ora non comprendere bene una situazione, così come non sapere chi sei realmente o di cosa sei capace.

Citando Jiddu Krishnamurti: *"Più ti conosci, più chiarezza c'è. L'auto-conoscenza non ha fine."*

Ed è per questo che personalmente amo la vita: il fatto stesso di scoprire chi siamo, cosa possiamo fare, che missione abbiamo e simile, rende il tutto più eccitante e vivo.

Se ci comportiamo come quando eravamo bambini e non smettiamo di eccitarci per la scoperta e "l'esplorazione" rimanendo curiosi, ricercando la nostra strada, allora sarà più facile attuare il tutto.

Ognuno di noi vive e attraversa dei periodi

"bui", il nostro compito è fare in modo che la nostra scintilla divina o luce interiore non venga spenta; Ci sono vari modi per elaborare il nostro "vissuto", e per *vissuto* intendo anche e soprattutto le situazioni dolorose (sia passate che presenti).

C'è a chi piace parlare da solo, con se stesso, mentre a qualcun altro piace scrivere il tutto in un quaderno o diario, altri preferiscono stare da soli per pensare, altri ancora riescono a schiarirsi le idee tramite la meditazione.

Qualunque sia il metodo che più vi aggrada, fatelo regolamente, fin quando quel ricordo traumatico o doloroso, quel pensiero negativo ricorrente o che vi fa paura, non diventi chiaro e nitido. Poi con calma, comprendete il motivo per cui tutto è nato ed è stato attratto da voi, manifestandosi nella vostra vita.

Tutti dobbiamo affrontare i nostri "demoni":

C'è chi ha vissuto un abbandono, chi è stato maltrattato dai propri genitori, chi dagli "amici", chi ancora non avendo mai ricevuto amore crede tutt'ora di non meritarlo, e così via.

Qualunque sia la situazione che ancora vi crea del dolore, notate che sorta di "babbo natale" ha creato in voi, ovvero realizzate qual'è la *storia* in cui credete tutt'ora o di cui siete fermamente convinti.

Fatevi delle domande tipo:

- Perchè credo di non meritare amore?
- Se ho un cuore, perchè credo di non essere capace di amare?
- In che modo posso smettere di credere a quest' idea che mi sono fatto di me stesso per essere realmente chi sono?
- Come posso sanare la mia autostima?
- Come posso coltivare fiducia in me stesso e smettere di dubitare di ogni cosa?

Le qualità elencate nelle pagine precedenti (gli "strumenti") vi aiuteranno ulteriormente a far luce su queste domande.

Le risposte le troverete sempre elaborando le situazioni del passato osservando il vostro comportamento. Tutto quello che vi aiuterà a ragionare e che di conseguenza vi darà nuovi spunti e risposte, vi farà avvicinare alla vostra meta.

Ad esempio, notate e rileggete (quando inviate un messaggio) le affermazioni che ripetete maggiormente, stessa cosa in un dialogo… realizzerete quali sono i vostri "mantra" più frequenti.

Spesso mi viene detto: *"Ma come faccio ad amarmi? Che significa? Io non so farlo!"*

Analizziamo pezzo per pezzo questa frase:

"Ma come faccio…?" indica mancanza di conoscenza, nel senso che non si è approfondito l'argomento, infatti è seguita da *"Che significa?",* è un chiaro segno che non si è mai andati oltre il consiglio stesso di amarsi; Quindi per comprendere bene il tutto, occorrerà anche approfondire l'argomento "amore" e mettere in dubbio quello che crediamo di sapere a tal proposito. Nella parte finale della frase c'è la classica affermazione *"io non so farlo!"* e in quest'ultima espressione si cela il nostro "babbo natale": la convinzione di non essere in grado di riuscire (quindi una mancanza di fiducia).

Apro una parentesi: se per anni ti sei sentito o dato dell'insignificante o incapace, sarà proprio su queste cose che occorrerà lavorare:

- La fiducia
- Il coltivare coraggio

- L'approfondire l'argomento e fare ricerche
- andare oltre la paura e quindi agire e muoversi.

E' in questo modo che i muri dei dubbi cadono, le "impossibilità" cessano di esistere e l'abitudine di usare le parole per proteggersi finiscono. Quindi, notate sempre le vostre affermazioni più ricorrenti perchè esse vi mostrano le convinzioni più radicate. Che lo accettiate o meno, spesso sono tutte scuse e i motivi li ho elencati nella pagine precedenti (paura e protezione dal dolore).

Fate questo esercizio: visualizzate la vostra specie di animale preferita. Ora immaginate che un cucciolo di questa specie sia stata abbandonata o che sia rimasta da sola... prendiamo ad esempio un piccolo Panda, come vi prendereste cura di questo cucciolo? Sicuramente fareste delle ricerche per comprendere cosa dargli da mangiare, consultereste un esperto in merito, ma all' aldilà di tutto, son sicuro lo prendereste tra le vostre braccia con la giusta forza per farlo sentire al sicuro e protetto. Con il passare del tempo gli dareste tutte le attenzioni che merita e sviluppereste un rapporto di amiciza e soprattutto amore; ecco come possiamo iniziare a migliorare la relazione con noi stessi e amarci.

Prendete una foto di quando eravate "cuccioli" e iniziate a guardarla con tenerezza. Immaginate un dialogo tipo: *"non ti preoccupare, mi prenderò cura di te, ti proteggero e ti amerò. Mi dispiace, perdonami per quello che ti ho fatto passare, credevo che non eri importante per me, e invece ho appreso che sei tutto per me, staremo sempre insieme, dammi un'altra opportunità, **prima non capivo il tuo vero valore.** Solo ora riconosco quante attenzioni e amore non ti ho dato. Adesso sarà un nuovo inizio. Ti Amo.*

Se sentite che potrebbe aiutarvi, abbracciatevi. Questa sarà l'inizio di un nuova unione con voi stessi e il cambiamento interiore, si rifletterà in ogni ambito della vostra vita, sopratutto in quello relazionale.

AMATEVI, e coltivate una *maturità emotiva*, sopratutto se il vostro "bambino interiore" non è cresciuto, perchè non gli è stata data la giusta attenzione e spiegazione in determinate situazioni, o perchè gli è stata negata una libera espressione che lo avrebbe aiutato a realizzarsi maggiormente e liberare la sua creatività.

Prima di poter fiorire e sbocciare occorre crescere.

Notate se avete sviluppato una forte *intelligenza emotiva,* oppure, se per mezzo degli episodi del passato, si è "creata" *un'immaturità emotiva,* dove siete preda delle emozioni che vi bloccano e vi sbarrano la strada.

Guarire dall'interno

*La causa principale della guarigione
è l'amore.*
- ***Paracelso***

Un'altra cosa fondamentale che accadrà in questo processo di Alchimia, sarà la guarigione.

Non solo quella emotiva, ma anche quella fisica e il nostro stato fisico rifletterà sempre il nostro stato interiore.

Quando ero obeso, l'eccesso di grasso non era dettato solo da una questione di stress, ma la mia "ciccia" era un segno che qualcosa andava cambiato. Non era un errore del mio "sistema di smaltimento", ma un chiaro segno che stavo cercando di riempire il mio interno (mangiando di tutto) per sfuggire dal (e zittire il) mio "vuoto emotivo" e nello specifico notavo la carenza di amore verso me stesso e il rifiuto di affrontare le situazioni che non volevo capire.

Ogni parte del nostro corpo ci parla - come scrivo anche nel mio libro sull'amore - ci comunica sempre se stiamo sulla strada giusta o se occorre correggere e cambiare una determinata cosa.

Il dialogo con il nostro bellissimo "micro-universo" avverrà quando smetteremo di credere che ogni cosa sia un caso o un'imperfezione della nostra struttura genetica.

Quando Dio ci ha creato, sapeva il fatto suo. Ha installato in noi un meraviglioso "software" di comunicazione fisica; Infatti quando la mente si rifiuta di elaborare un qualcosa che ci provoca dolore, il corpo somatizza e risponde.

A tal proposito, voglio raccontarvi la mia esperienza diretta e introdurre anche la situazioni di una persona che è cresciuta con me in una comitiva di amici.

Ebbene alcuni anni fa cominciai ad avere dei dolori sul lato sinistro del corpo, un bruciore (tutto iniziò con piccoli fastidi, i primi messaggi che il corpo ci dà) ma con il passare dei giorni, iniziai a sentirmi sempre più stanco e senza forze. Alcune settimane, il dolore che sentivo era sempre più forte ed incominciai anche ad avere delle perdite di sangue, dimagrivo velocemente e avevo un aspetto pallido. Credevo che fosse solo il colon irritato, ma il mio medico mi disse che probabilmente era qualcosa di più serio: un possibile cancro al colon. Così iniziai a mangiare meglio, ma la mia vera cura fu notare come la rabbia e le emozioni represse mi stavano facendo ammalare sempre più...

In breve, con il passare dei mesi la situazione migliorò e smisi di sanguinare. Gradualmente tornai sempre più in forma e ogni sintomo sparì. Sono fiero di dire che feci un buon lavoro, mi curai "dall'interno" e compresi il messagio che il mio corpo mi stava dando; facendo alcune ricerche compresi infatti come la maggioranza delle malattie sono psicosomatiche.

La mia amica Giuseppina aveva suo zio con lo stesso problema che avevo io...ma lui putroppo morì.

Ora voglio raccontarvi di Rachele la mia amica d'infanzia che sin da piccola ha vissuto situazioni familiari veramente dure poichè il padre era un tipo violento, picchiava la madre e spesso anche lei e i suoi fratelli. Con il passare del tempo, la famiglia si divise sempre più e i litigi e le urla erano all'ordine del giorno.
Con il passare del tempo, iniziò ad avere problemi di tiroide (chakra della gola – tristezza,

emozioni, parole inespresse…) ed alcuni anni dopo scoprì di avere un cancro alla gola; L'ho vista ultimamente, ci siamo raccontati quello che a entrambi è successo, gli ho parlato delle emozioni e di quello che assorbiamo nel corso degli anni. Si vedeva che la situazione l'aveva messa a dura prova, e mi disse la stessa cosa, ovvero che era tempo di affrontare e ascoltare il suo dolore per guarire… ora che si è operata, sembra che stia bene.

Quindi, ascoltate sempre le vostre emozioni, ogni zona del corpo ha una sua corrispodenza in ogni ambito emozionale.

Prendetevi cura del vostro corpo, amatelo ed esso risponderà sempre, vi darà dei messaggi e vi aiuterà a sistemare quello che al momento occorre comprendere.

Ricordate: *come dentro, così fuori.*

In ogni caso, l'amore - e ripeto l'elaborare il tutto - vi aiuterà a guarire e a tornare in forma.

*Prima di chiudere questo capitolo, ci tengo a specificare che consultai anche un medico esperto.

Il mio consiglio è che se avete dei fastidi o dei malanni frequenti in spedifiche zone, oltre a comprendere il messaggio del vostro corpo e analizzare le vostre emozioni, prendete anche in esame il parere del vostro medico di fiducia, in modo da avere maggiori dettagli e un quadro completo di quello che sta accadendo al vostro interno.

Capitolo 5
Proiezioni dal passato

Se una cosa fa male, vuol dire che qualcosa dentro di te è stato represso. Quindi, invece di evitare il dolore, entraci dentro. Lascia che faccia terribilmente male. Lascia che faccia male completamente, così la ferita è totalmente esposta. Quando è del tutto esposta, la ferita comincia a guarire. Se eviti questi spazi in cui senti dolore, rimarranno dentro di te e ti ci imbatterai di continuo.

- ***Osho***

Anche se il titolo del capitolo sembra una stesura per un film di fantascienza, questo sarà il passaggio più importante è bello dell'intero libro.

Ritorniamo sull'argomento **passato** in modo da cessare di farlo esistere o meglio, di riviverlo e proiettarlo nel futuro.

Se notate, spesso viviamo delle situazioni che si ripetono. Che ne siamo consci o meno accade in maniera automatica e lo stesso succede con determinati stati emotivi, cioè emozioni che ci bloccano del tutto o ci rallentano, in particolar modo l'ansia. Perchè accade (e si ripete) questo? Proprio perchè portiamo *il passato* sempre con noi; nel capitolo 2, ho consigliato di elaborarlo per bene. Ora, andremo a lavorare su tutte quelle emozioni e situazioni che creano i nostri *"loop temporali"* presenti e futuri.

Quante volte vi siete chiesti: *"ma perchè mi succedono sempre le stesse cose?"*

La risposta è perchè portiamo con noi un bagaglio colmo di emozioni e di situazioni già vissute e quando c'è una situazione simile a una del passato, non faremo altro che usare gli stessi pensieri, emozioni e parole che usavamo (convinzioni e azioni incluse).

Mi spiego meglio: se in passato abbiamo avuto una relazione molto bella, ma che poi è finita in modo spiacevole, nella prossima che vivremo - data la ferita ancora aperta - tutti quei pensieri e quei ricordi che ancora ci fanno male, saranno proiettati sul presente (o futuro) e così inizieremo a chiederci e dire: *e se poi accade di nuovo? Io non voglio questo!...*

Questo spiega anche il *perchè* e il *dove* nasce la nostra ansia: dalle situazioni del passato, per mezzo delle convinzioni limitanti e a causa della paura, crediamo che ripeteremo il tutto.

Abbiamo paura di rivivere le cose che ci hanno fatto stare male, e invece di sforzarci di cambiare, ci lasciamo andare verso "l'oblio emotivo".

Il segreto sta proprio nel radicare una nuova mentalità e personalità, sforzandoci di coltivare:

1) dei pensieri positivi e costruttivi
2) delle emozioni forti dettate dalla fiducia
3) delle nuove affermazioni potenzianti
4) delle nuove azioni coerenti ai nostri obiettivi

Questo passaggio nei miei altri libri lo chiamo "Allineamento", dove ogni nostra *fonte di potere,* è coerente e allineata per far in modo di manifestare un cambiamento e dei risultati totalmente diversi dalle esperienze già vissute.

Quindi se in passato abbiamo creato o attirato a noi dei risultati tutt'altro che voluti, in questo nuovo processo, prima semineremo quello che ci occorre e poi di conseguenza alimenteremo il "terreno" per far crescere e sbocciare nuovi frutti. Naturalmente occorrerà anche comprendere quale paura o ferita ha bisogno ancora di tempo, lavoro e discernimento per far concretizzare una "sanatura" e un cambiamento. E' un pò come girare la manopola della radio: fin quando la nostra frequenza non sarà chiara e cristallina, non riusciremo mai a inviare un messaggio chiaro per ricevere ciò che vogliamo. Per approfondire meglio questo processo, vi consiglio il mio libro *"L'ABC della Legge di Attrazione"*.

Allenati, ma non correre

La forza di volontà è un muscolo da allenare.
(Anonimo)

Ricordiamoci che le attuali convinzioni, paure e ferite, sono tutti elementi che abbiamo alimentato e radicato per anni e naturalmente non tutto cambierà da un giorno all'altro.

Ma questo non deve assolutamente scoraggiarci. **Nulla è impossibile,** sopratutto per chi ha una visione e non ha mai mollato.

Riprendiamo l'esempio delle affermazioni che più ci ripetiamo, tipo *"non sono capace"*, perchè è un chiaro segno della nostra attuale idea, su noi stessi e su quanto NON conosciamo il nostro vero potere interiore; Ma sforzandoci di non credere in quell'idea distorta e di non dargli potere, non faremo altro che creare nuove connessioni mentali, soprattutto mettendoci in gioco (facendo nuove azioni).

Riprogrammando la nostra mente, creeremo nuovi "imput e comandi" e dunque... una nuova mentalità; questo ci permetterà di creare un futuro diverso e "staccato" dal passato.

L'importante non è strafare ma essere costanti, anche se ci saranno delle ricadute o se la paura e i dubbi cercheranno di fermarvi, non mollate.

Noterete come inizialmente il vostro cervello (proprio per mezzo dei programmi "del passato") combatterà il vostro nuovo modo di pensare, ma questo non deve spaventarvi: sono solo le "vecchie" connessioni che vanno "spente" attraverso questo nuovo processo.

Il risultato sarà di riavere dopo tanto tempo. di nuovo le nostre "redini mentali", in modo da non vedere, o meglio *causare* più lo stesso e*ffetto* e di conseguenza creeremo l'effetto desiderato, tramite la consapevolezza che siamo noi creare e attirare ogni cosa... Torneremo ad essere i *creatori consci* della nostra vita.

Anche se questo (ripeto) richiede lavoro e impegno, non demordete e abbiate sempre la visione chiara di quello che volete cambiare e manifestare.

Rammentate il passato e imparate da esso.

Ricordate che da oggi se lo volete veramente potete cambiare ogni cosa, siate determinati, costanti e fiduciosi, dopodichè agite con calma e lasciatevi andare.

Il passato può avervi lasciato dei brutti ricordi e sicuramente avrete vissuto delle cose che non meritavate affatto di vivere.

Potete fare in modo che il vostro futuro sia totalmente diverso attraverso:

1) l'apprensione degli eventi passati
2) l'elaborazione di ogni situazione spiacevole
3) smettendo di proiettare il tutto al futuro con la paura di riviverlo.

Ogni cosa può essere totalmente diversa e nuova, iniziate ad allenarvi a viverla da dentro, credeteci e lasciate che ogni cosa si manifesti.

Avete tutto il potere dentro di voi per far si che accada.

Ritagliatevi dello spazio quotidiano per visualizzare quello che volete e alimentate il tutto con forti emozioni.

Andate oltre la mente razionale, non combattete i pensieri, ma allenatevi a creare nuove forme di pensiero colme di gioia e sentimenti "alti".

Quindi per smettere di ripetere e rivivere il passato, occorre un cambiamento vibrazionale. Per fare un esempio, è un pò come saltare fuori da una grande ruota da criceto, formata da vecchie emozioni e vecchi schemi preimpostati; liberandoci di essi, creeremo un nuovo presente (e futuro) in modo consapevole e tutto diventerà sempre più facile e piacevole.

In questo modo potremo creare un percorso tutto nuovo e che non si ripeta come un loop... l'importante è non scoraggiarsi ed essere costanti.

Capitolo 6
Affronta il buio
e trasformalo in luce

Credo che ognuno di noi possa vincere la paura facendo le cose che ha paura di fare.
- ***Eleanor Anna Roosevelt***

Un ultimo passo che occorre fare è comprendere *cosa* abbiamo creato per sfuggire a ciò che ci fa paura. Questo include *la storia* (la fuga) che ci ripetiamo e le cose che facciamo per tenerci occupati, pur di non affrontare quello che più temiamo.

Un buon inizio sta nell'osservarci con sincerità, ma la "modalità" non dev'essere un "atto di "punizione o di "giudizio" e quando guardiamo noi stessi, possiamo farlo con compassione, provando emozioni pure e non con disprezzo o pietà. Essere i giudici di noi stessi non rafforza il rapporto con la nostra persona, ma lo divide ancor di più. Se siamo gentili e sinceri con noi stessi, ci aiuterà a notare quello che svolgiamo nella nostra quotidianetà.

Naturalmente ci saranno dei "programmi di difesa" e all'inizio tenderemo a procrastinare o a non voler guardare in faccia la realtà, sempre perchè la nostra mente è stata abituata a rifiutare tutto ciò che va contro le nostre attuali convinzioni "protettive". E' proprio in quei momenti che occorrerà sforzarsi maggiormente, in modo da eliminare e sradicare questi vecchi programmi.

Ricordatevi sempre che **la mente è il servo e noi la guida**.

Quindi, siamo noi a dettare le regole e a dare gli ordini, non il contrario.

Questo processo all'inizio sarà un pò "battaglioso", ma essendo uno strumento - il nostro cervello - creerà nuove connessioni mentali (neuroplasticità).

Se realizzerete che i pensieri attuali sono solo degli impulsi elettrici captati dall'esterno, non vi farete trasportare più di tanto, nè gli darete più potere.

Coltivando la nuova abitudine di osservarvi, noterete tante cose di voi, come le tipiche dipendenze (e vecchie abitudini) che ognuno di

noi ha avuto e forse ha ancora, ad esempio:
- mangiare più del dovuto
- passare le giornate tenendoci costantemente occupati, pur di non ascoltare i nostri pensieri
- vedere la tv per ore (o le serie tv sul pc)
- fare shopping online pur di spendere soldi per avere delle gratificazioni momentanee.

Attraverso questo lavoro, scoverete il tipo di emozione "guida" che vi porta a ripetere questi pattern. Per esempio, se noterete che anche voi avete l'ultima abitudine sopra elencata (quella di spendere sempre soldi comprando cose inutili), realizzerete che al momento non siete soddisfatti della vostra vita, e che state cercando di colmarla con qualche oggetto; questo vi aiuterà a fare luce sugli schemi che cercano di riempire un vuoto.
Noterete inoltre se state fuggendo dalla realtà, evitando di ascoltare le vostre emozioni o se state velando il tutto, facendo finta di nulla. Ad esempio, se la vostra relazione non è come volevate e fate finta che tutto sia perfetto, realizzerete di aver trovato un altro punto su cui lavorare.
L'auto osservazione vi aiuterà a migliorare la

vostra vita e ad affrontare al meglio le situazioni che più temete.

Naturalmente, all'inizio prendere in mano la situazione creerà un senso di disagio o paura, perchè non essendo abituati a fare un faccia a faccia con le nostre emozioni e con la nostra vita attuale, i condizionamenti guideranno le nostre giornate in automatico; tenderemo quindi ad essere titubanti o a non andare fino in fondo.
E' qui che il coraggio deve farsi strada.

Non preoccupatevi sul come andrà a finire, anche se inizialmente la mente (subconscia) proietterà gli irrisolti del passato trasformandoli in possibili situazioni future, non gli date potere, perchè altrimenti come abbiamo notato (nel capitolo precedente) si genererà dell'ansia. Quindi fate un bel respiro, non pensate a nulla e con calma ripetetevi questa affermazione: *"Io voglio risolvere questa situazione, so che posso farcela!"*.
Per fare alcuni esempi, se si tratterà di parlare con il vostro partner direte: *"Tesoro, dobbiamo parlare"* sempre con calma.

Se invece noterete che il vostro lavoro attuale vi stressa e vi sta creando diversi problemi, allora vi direte: *"Voglio svolgere un nuovo lavoro, devo fare delle ricerche"* o meglio *"è tempo che io creda in me stesso e dia vita a quello che voglio fare da tanto"*, dopodichè occorrerà agire di conseguenza e in modo coerente. Questo vi aiuterà a creare una mentalità non più dettata dalla "sopravvivenza" ma dalla creatività; naturalmente prima di lasciare il lavoro attuale, forse vi occorrerà del tempo per la formazione e per la ricerca; Ricordatevi che tutto accade e si manifesta se lo vogliamo veramente, anche la svolta che non pensavate di vedere o attrarre a voi.

In questi anni ho notato come la conoscenza e l'applicazione di essa dia dei solidi risultati e cambiamenti. Ma la vera magia la facciamo sempre noi, quindi siate fiduciosi e liberate il vostro genio interiore.

Sentimenti contrastanti saranno un fastidio solo inizialmente, ma poi man mano (come ogni processo) tutto cambierà.

La maggioranza di noi attraverso l'educazione, la religione, l'istruzione scolastica, nonchè le idee e le prospettive degli altri cresce con una mentalità ristretta, dove tutto viene definito sempre nello stesso modo: "difficile".

Mettendo in dubbio ogni convinzione attuale che non vi aiuta, noterete come tutti i "babbo natale" sparsi per la mente si dissolveranno. Molti sono convinti che certe cose si possano fare solo da giovani, oppure che se una cosa non è accaduta prima nella vita non accadrà mai.

Sciocchezze!

Siate coraggiosi, persistenti e sopratutto credete fortemente in voi stessi, ogni muro, catena o "corda mentale" che vi tiene fermi si sgretolerà.

Avendo la buona abitudine di coltivare buoni pensieri, di seguirli e applicarli con le azioni, tutto vi si mostrerà lungo il cammino.

L'Universo è in continuo ascolto e continuando su questa strada, non potrà non notare il vostro cambiamento interiore.

Trai il meglio dai tuoi passi precedenti

Fuggire è facile, lo sappiamo fare tutti.
E' restare, combattere, vivere ed emozionarsi
che richiede coraggio.
   -   *S Stremiz*

In passato, quando facevo delle ricerche e leggevo in merito al "riprogrammare la mente" pensavo che dovessi cancellare ogni convinzione e crearne delle nuove, il che non era errato. Ma quello che compresi tramite *l'Alchimia Interiore,* non era solo il fatto di cancellarle, ma di notare quale risultato esse (le convinzioni) mi davano, e quindi trarne delle lezioni prima di lasciarle andare del tutto.

Quello che di solito pensiamo in merito agli errori fatti, è la convinzione di aver sprecato tanti anni della nostra vita e ci ripetiamo frasi tipo *"se avessi saputo...se avessi agito in modo diverso... ecc...* ma è proprio quello il punto: senza quegli errori e senza quelle convinzioni limitanti, non avremmo mai appreso tutte le illusioni, le menzogne e le falsità su noi stessi e sulla vita.

Se continueremo a struggerci per il nostro passato, continueremo a minare la nostra autostima e l'amore per noi stessi. Quindi si, occorre riprogrammare la mente, ma il primo passo è notare cosa ci hanno insegnato quegli errori, in modo da proseguire con un bagaglio più leggero e più "saggio".

Perdonare noi stessi è la base per coltivare una nuova relazione con la nostra persona, così come smettere di trattarci come dei nemici o degli stupidi.

Se vogliamo realmente ritrovare la strada di casa, **sarà sempre l'amore la chiave di tutto.**

Più ci tratteremo con amore, più sarà facile comprendersi - capendo al tempo stesso il passato - e lasciar andare tutte le abitudini "negative" come quella di sminuirci, odiarci, fuggire, limitarci e simili.

Da oggi, attraverso quello che hai vissuto, nota cosa ti ha mostrato la vita nel corso degli anni e "svelalo". Sicuramente avrai notato che è facile rinchiudersi in un guscio e dire *"è difficile!"* per evitare ogni cosa, ma in questo modo la paura ti ha bloccato come un'ancora che non ti permette di salpare e viaggiare a vele spiegate, godendoti la vita; Inoltre avrai realizzato che vivere temendo ogni cosa, non è vita perchè non ti rende nè felice, nè libero.

Quindi coltiva coraggio, agisci ogni giorno e non ti preoccupare; è proprio grazie al passato che noterai degli schemi ben precisi che ti hanno fatto credere (a illusioni) di essere una persona senza speranza o potenzialità.

Rivaluta ogni cosa, e trasforma i passi precedenti in conoscenza e saggezza, altrimenti tutto si ripeterà.

Ecco la differenza tra "combattere" e "osservare": la prima non farà altro che ingigantire le nostre situazioni, perchè gli diamo energia e spazio alimentandole, la seconda ci permetterà di comprendere quello che accade, elaborando il tutto e smettendo di sprecare tempo e potere e in questo modo non ci faremo più demotivare o "risucchiare" dell'energia.

Noterete come ogni singolo passaggio ci aiuterà a ricongiungerci con noi stessi.

Citando Deepak Chopra *"Devi trovare quel luogo dentro di te, dove niente è impossibile"*.

Niente più limiti, scuse e sensi di colpa.

Cestinali.

Da oggi comprendi quello che ancora ti fa male, trai la tua lezione, poi passa al prossimo livello: quello di lasciar andare tutte le bugie e le illusioni su chi credevi di essere.

Prosegui coltivando una nuova mentalità, riprogrammando la tua mente.

Conoscenza, ricerca e azione

L'informazione non è conoscenza.
- *Albert Einstein*

Attraverso le esperienze che viviamo acquisiamo conoscenza.

Spesso però accade che le informazioni colte o i messaggi ricevuti da ogni situazione le acquisiamo in modo distorto, perchè ognuno di noi tramite la sua mappa mentale formata dalle proprie idee, prospettive e percezioni, crea una serie di convinzioni errate.

Mi spiego meglio: se un bambino da piccolo verrà trascurato dai genitori, dato che non ha ancora acquisito delle capacità e la conoscenza necessaria per eleborare bene il tutto, crederà di non meritare amore, mentre se un altro verrà abbandonato, crescerà con un forte senso di colpa e sfiducia verso tutti.

Solo maturando e approfondendo quello che abbiamo vissuto, possiamo realizzare la realtà delle cose.

Ad esempio, il bambino che non avrà avuto

amore dai genitori, realizzerà che non aveva colpe, i suoi genitori semplicemente non sapevano amare, nè sapevano apprezzare il dono di avere un figlio, stessa cosa per il bambino abbandonato.

Ognuno di noi vive le sue "particolari esperienze caotiche".

Ecco perchè sottolineo che è importante fare un tuffo nel passato, approfondire e comprendere bene cosa abbiamo vissuto sin da piccoli, in modo da smontare la nostra attuale *visione distorta* per trarne dei preziosi insegnamenti.

Citando Picasso: *Non giudicare sbagliato ciò che non conosci, prendi l'occasione per comprendere.*

Mi sono sempre chiesto: *Ma tutto questo "caos" in cui viviamo, attraversiamo e sperimentiamo avrà il suo motivo? O Dio ci ha abbandonati?*

Con il tempo sono arrivato alla conclusione che è proprio tramite il "caos", i disagi e le situazioni spiacevoli che la nostra anima viaggia e cresce. Certo, questo non significa assolutamente che poichè il dolore ci tempra e ci aiuta a crescere, allora tutta la vita sarà una dura battaglia triste e piena di agonia. **E' vero il contrario**: se capiamo che il dolore fa parte *dell'equazione*, noteremo il quadro completo, e ogni esperienza la vivremo con più fermezza e controllo, senza farsi trascinare dalle emozioni "basse" (ansia, paura, rabbia…).

Talvolta, affrontando il tutto ci verrà da piangere, ma non è una brutta cosa; significa che stiamo liberando tristezza e stiamo dando l'opportunità a noi stessi di lasciarla andare. Questo ci aiuterà a crescere e "abbracciare" le nostre emozioni, senza il bisogno o l'abitudine di reprimerle, per poi ammalarci.

Quindi la conoscenza insieme alla ricerca, ci aiuterà a comprendere e a diventare consci del nostro percorso e diventeremo anche più saggi e preparati per le prossime situazioni.

Vedetela come una via iniziatica, dove il nostro "vecchio io" trascende, e la vera creatura spirituale riprende le redini della sua vita.

Tramite la conoscenza e la ricerca, regnerà più serenità e pace dentro di noi e ci sarà anche più facile perdonare, ma è attraverso le azioni che avverrà un cambiamento radicale.

Quindi, se dopo un'attenta analisi noteremo che

occorrerà allontanare delle persone oppure esprimerci con esse e dire come ci sentiamo, o ancora di smettere di ripetere determinate abitudini e se occorrerà agire, andrà fatto. E vi fa paura, è un segno: Non procrastinate.

E' lì che si formerà maggiormente la vostra nuova personalità, facendo uscire da dentro di noi "gli strumenti" elencati nella pagine precedenti.

Non temete, siete più di quel che pensate di essere.

Mettendovi in gioco situazione dopo situazione e analizzando ogni episodio che metterà a dura prova la vostra persona, ne uscirete più forti di prima, perchè smettendo di reagire a ogni cosa (mente egoica) e coltivando una ferma e ferrea intellegenza emotiva, comincerete a sviluppare una mente più "matematica" (mente razionale), riuscendo a "schematizzare" le esperienze che vivrete traendone delle "lucide" conclusioni.

Ad un certo punto arriverete a un punto di totale abbandono, dove sarà la mente "arcaica" a guidare il tutto e lasciar fluire ogni cosa.

L'incontro tra anime

Se si unissero le Anime di tutti gli esseri viventi del Cosmo, lì comparirebbe Dio!
- ***Buddha***

In merito al paragrafo precedente, desidero introdurre delle esperienze che mi hanno particolarmente colpito e sono dei veri esempi di forza e coraggio… Due anime meravigliose che ho incrociato nella mia vita e che mi hanno dimostrato la vera forza divina dell'anima che regna in ognuno di noi, sono esempi di purezza, luce e profondità.

La nostra anima è pura. Ma quando la "mente terrena" (ego) non comprende il caos che regna in alcuni ambienti e situazioni della nostra vita, soffre perchè nota tutto lo "squilibrio" che giace. Questo porta alcune persone, come il mio amico Gioele, a vivere una sofferenza silente e sin da piccolo ha sempre avuto una grande sensibilità, con il corso del tempo si è sempre più sentito a disagio per mezzo di tutto quello che assorbiva dall'ambiente esterno e questo lo portò a soffrire dall'interno.

Nel periodo della sua adolescenza, dopo attente analisi mediche realizzò di avere una malattia al cuore, che lo avrebbe portato alla morte. Disperato, cominciò ad autolesionarsi e a drogarsi. Non accettava il fatto che la sua vita prima o poi sarebbe finita. All'epoca frequentava persone altrettanto "disambientate" e in crisi per la loro vita.

Con il passare del tempo, un medico trovò la soluzione al suo problema riuscendo a "distruggere" la cellula impazzita che gli provocava il dolore al cuore e dopo questo periodo "caotico", Gioele si avvicinò a un'essenza che faceva ballare la sua anima, o meglio, "suonare" la sua anima: la musica. Riuscì ad usarla come strumento di guarigione, decise di studiare in una scuola dove si diplomò come maestro di chitarra. Oggi non solo ha creato una scuola tutta sua, ma aiuta anche tante persone che come lui desiderano vivere bene e in armonia. Gioele è riuscito a controllare la sua sensibilità e a usarla come strumento per aiutare gli altri, in particolar modo coloro che più di tutti hanno bisogno di un esempio e di una guida: i giovani.

Gioele oggi continua a nutrire la sua anima e sta espandendo il suo "business". Da poco ha pubblicato il suo primo libro di musica e presto creerà anche dei corsi.

Grazie all'aver compreso il passato, oggi è diventato un esempio per tanti ragazzi, tramite il suo lavoro essi stanno vivendo una vita più equilibrata, felice e armoniosa. Il suo messaggio che ho voluto condividere (oltre alla sua esperienza) è: *Notate qual'è il "mezzo" che vi aiuta ad esprimere le vostre emozioni, a liberare la vostra arte e condiverla con gli altri. Ma sopratutto liberate la vostra anima da tutti i malanni e disagi interiori.*

Sono completamente d'accordo: svolgete quello che nutre la vostra anima e condividete con il mondo il vostro messaggio.

Complimenti Gioele. Sei un esempio di forza divina e una persona con un cuore e profondità immensa.

Un'altra grandissima anima che ho avuto l'onore di incontrare e conoscere, è la mia cara amica Amanda, sin da piccola ha vissuto esperienze veramente dure, subendo degli abusi fisici.

Nel corso della sua vita ha attraversato delle situazioni realmente toste, ma nulla è riuscito a spegnere la sua luce interiore. Mi ha rivelato di aver "navigato" attraverso delle vere e proprie tempeste emotive. Si è sempre vista come una ragazza "borderline", ma in realtà, nonostante quello che ha affrontato, non si è mai arresa, ha sempre fatto in modo che la sua bambina interiore giocasse e vivesse la vita al meglio. Un giorno mi disse: *"Anche se in realtà ho vissuto più situazioni spiacevoli che belle, e su quest'ultime che intendo focalizzarmi. Credo che la vita vada vissuta al meglio. Non c'è bisogno di avere tutte le risposte, le avremo con il tempo... Oggi chiunque fa di tutto per evitare il dolore, ma se invece di combatterlo lo si accoglie, si riesce ad andare oltre ed evolvere... Altrimenti non si fiorisce e si soffrirà maggiormente. Quindi dobbiamo accettare la sofferenza e vederla come uno strumento di crescita. Dobbiamo ritrovare il nostro centro.*

...A tal proposito la donna ha una forza immensa, e spero che ogni donna riesca a

conoscere e liberare la sua."

Grazie di cuore Amanda. Hai una forza stupenda e una purezza unica.

La mia amica nonostante tutto, non si è arresa. Oggi sta bene, è felice e ha cresciuto due bellissimi ragazzi.

Persone come Amanda e Gioela sono esempi di luce divina.

Riguardo le donne, ci tengo a sottolineare e sono daccordo che hanno davvero un potere immenso, io oggi sono qui a scrivere e condividere il tutto grazie a donne come Amanda ma anche grazie a Cris la mia ragazza che è riuscita a fare uscire il meglio di me, tramite il suo amore.

Donne questo messaggio è per voi: avete un potere immane, smisurato, infinito come l'Universo, non sprecatelo con chi non vi merita, nè trattenetelo, ma sprigionatelo. Questo mondo ha bisogno di più energia femminile.

Se la mia signorina è riuscita a cambiare e stravolgere la mia personalità, entrandomi nell'anima e aiutandomi a sbocciare, abbandonando vecchi "vestiti egoici" potete farlo anche voi tutte, non solo nel cuore degli uomini (o di altre donne), ma sopratutto influenzando con la vostra purezza anche tutta la terra. Ho sempre detto che la creazione più bella di Dio è la donna, non solo per la sua bellezza, ma sopratutto per la purezza.

Anche gli uomini che hanno un'energia femminile più sviluppata, sono esempi di come la luce vince sempre su qualsiasi giornata buia. Siamo tutti essere umani, anime in cammino, liberiamo la nostra luce e portiamo il paradiso in terra, in modo che ogni essere vivente possa smettere di vivere determinate situazioni spiacevoli e camminare tra la bellezza e la gioia, tra la luce e i colori.

Ritornando ai magnifici esempi che sono Gioele e Amanda, quando ascolto le parole che condividono o sono in loro compagnia, mi viene da piangere, non per pietà, ma perchè mi mostrano quell'umanità pura nello spirito e nell'anima che mi fa commuovere. La loro forza divina è così bella che si riesce a vedere la luce della loro l'anima e mi ricordano quanta bellezza c'è in questo mondo e come ognuno di noi può condividere il suo messaggio per portare maggior equilibrio e luce sulla terra.

Se vi siete rivisti in questi due magnifici esempi, ricordate che aldilà di quello che avete vissuto e che NON meritavate di vivere, potete superarlo, andare oltre e come Gioele e Amanda vivere una vita stupenda.

Lasciate andare la convinzione di essere degli umani "inferiori", o di non avere la stessa forza e luce di tutti coloro che sono riusciti ad andare oltre i "tunnel" della loro vita.

Fate del vostro viaggio una vera e propria scoperta di voi stessi. Questo vi aiuterà ad affrontare il dolore e a superarlo.

Una bella pulizia et voilà

Pulire non significa cancellare, ma eliminare il sudiciume e tornare a splendere.
- **Chris Tomei**

Nessuno di noi è "sudicio".

Quello che in realtà ci "sporca" è il mondo esterno…mi spiego meglio:

Quando iniziamo a farci influenzare dalle convinzioni della società, tante cose fasulle riguardo chi siamo vengono prese per vere. Questo ci porta con il tempo a recitare la parte della povera anima, proprio perchè ci siamo fatti trascinare da tutte quelle credenze limitanti dove viene "demolita" o derisa l'esistenza della nostra natura divina.

Occorre quindi fare una bella pulizia interiore.

Per pulizia, intendo lo smettere di definirsi e di credere appunto a tutte quelle cose false sulla nostra persona, come quella che non valiamo nulla o che non abbiamo potenzialità. Questo vale anche per la visione attuale che abbiamo del mondo, se cominciamo a vedere la bellezza dentro di noi, noteremo di conseguenza anche la vera meraviglia del creato.

Citando Aaron Hill: *"Non chiamare il mondo sporco solo perché hai dimenticato di pulire gli occhiali."*

Gettate ogni cosa, ogni "definizione", aggettivo, ogni limite inculcato…in breve tutto quello che vi sminuisce, vi crea dei dubbi o vi fa sorgere della paure.

Quando iniziai questo percorso realizzai che era tempo di prendere una decisione: se diventare un "prodotto della società" o essere felice. Così lasciai andare il vecchio credo che seguivo, smisi di frequentare diversi "amici", cancellai vecchie abitudini, ma sopratutto cessai di ascoltare tutte le offese, i giudizi, e le frasi tristi e subdole di coloro che avevano paura di vivere fuori da quella che viene definita "normalità"; Quindi decisi di vivere fuori dai costrutti fatti di maschere e finta perfezione.

Il dono più bello che possiamo fare a noi stessi è proprio quello di ESSERE chi siamo realmente. Non vi deve interessare l'approvazione altrui, perchè proverete più gioia e soddisfazione quando incontrerete persone che sono così come le vedete, che vi guarderanno con gli occhi dell'amore e non con del "perbenismo bigotto".

Il primo lavoro che feci quando finii gli studi fu quello di pulire i palazzi, lo adoravo perchè amavo pulire le scale, incontrare persone e dare loro il buongiorno.

Quando dicevo cosa facevo ad alcuni parenti e amici, mi guardavano dall'alto in basso, e furono proprio quelle le persone che *spazzai* via per prime dalla mia vita.

Non vergognatevi mai di essere voi stessi, o di fare quello che più amate, che sia umile o fuori dai contesti "convenzionali" non importa, se è un qualcosa di onesto e vero, seguitelo, sopratutto se fate del bene a voi stessi e agli altri.

Citando Friedrich Nietzsche: *"Meglio essere folle per proprio conto che saggio con le opinioni altrui."*

Volete essere felici? Spazzate via tutto quello che non vi nutre l'anima e che non vi fa sentire a vostro agio e lasciatelo andare, soprattutto quello che vi sminuisce o limita.

Notate sempre cosa vi fa uscire un sorriso e cosa (o chi) no. Non è egoismo, è amor proprio.

Capitolo 7
A te la scelta

La decisione più importante della mia vita è stata la decisione di vivere obbedendo ai miei desideri, alle mie idee e ai miei sogni.
- **Reinhold Massner**

Analizzando i tanti benefici che questo lavoro reca e notando i meravigliosi cambiamenti che avverranno nella tua vita (se inizi questo processo), domandati: Vale la pena continuare a temere la paura e a circondarti di scuse ripetendo sempre *"è difficile"* o *"è impossibile"* per evitare un dolore momentaneo?

Citando Peter Druker *"Dietro ogni impresa di successo c'è qualcuno che ha preso una decisione coraggiosa."*

Credimi, TU puoi farcela.

Non solo puoi riuscire nell'intento di vivere la vita che vuoi, ma anche di andare anche oltre le tue aspettative.

Nei miei libri. condivido sempre quello che per me ha funzionato e che mi ha cambiato la vita in meglio, e - a mio parere - il processo di *Alchimia Interiore* è il più bello che ogni persona possa fare su stessa, perchè aiuta a liberarsi di tutto quel "trascorso buio".

Il paradosso è che proprio affrontando quello che ci ha fatto più male, che riusciremo a liberarci dal dolore e dalla tristezza; in seguito accadrà che le parole delle persone che ci hanno ferito non avranno più peso e le situazioni spiacevoli, i fallimenti e gli errori si riveleranno i nostri migliori maestri.

I traumi si trasformeranno in forza, non ameremo più per colmare un vuoto o per avere delle attenzioni, ma per creare insieme ad un'altra persona e vivere una vita stupenda.

Possiamo - attraverso la ricerca - vivere con un corpo sano, essere sempre più felici e fare in modo che l'armonia e la pace regnino, così come avere delle relazioni sane, durature, costruttive, e migliorare anche la nostra situazione finanziaria, vivendo con più serenità e meno preoccupazioni.

In breve, *l'Alchimia Interiore* ci permette di vivere al meglio delle nostre capacità e a risvegliarci da questo "sonno" dove crediamo che sia tutto una lotta e una sofferenza; infatti tante persone soffrono proprio perchè non sono consci di questo processo e sopratutto perchè non conoscono ancora il loro potere interiore.

Quindi, liberatevi dei preconcetti che definiscono la vita: "un duro cammino".

Attraverso questo processo, noterete come la vita può essere DAVVERO un bellissimo viaggio tutto da scoprire e da godere.

La nostra lungiranza aumenterà, e sapremo evitare inutili percorsi tortuosi e stessa cosa sarà per le anime che incontreremo; avendo compreso noi stessi, riusciremo a riconoscere e comprendere meglio anche gli altri e questo ci permetterà di scegliere e decidere a chi dare il nostro tempo e spazio il che è un bene, perchè ognuno ha il suo percorso, e se non è correlato al nostro (o ci sono principi totalmente diversi) è meglio evitare.

Ad esempio se vogliamo dei veri amici, non daremo più spazio a opportunisti o "vampiri energetici" e lo stesso vale per le relazioni, se intendiamo costruire un futuro con un'altra persona, non apriremo le porte a chi vuole solo del sesso facile o un "passatempo".

Esiste la convinzione che amare se stessi e voler essere felici sia da egoisti, o che mettersi da parte per gli altri sia giusto; In realtà l'essere egoisti è tutta un'altra cosa... e il mettersi da parte (o annullarsi) l'indice che abbiamo la convinzione che siamo meno importanti delle altre persone, o che non ci sia spazio (e abbondanza) anche per noi. Ma è vero il contrario: siamo tutti figli del creato e ognuno di noi merita il meglio, inoltre se ci annulliamo, non attireremo a noi relazioni sane, ma solo la tipologia di persone già citate (opportunisti e "vampiri energetici").

Il cambiamento accadrà non limitandosi a sperare, ma abbattendo ogni "muro" e radicando il tutto da dentro, liberando l'energia creativa. Quindi occorrerà lavorarci sopra.

Ma non disperare, vedrai come la vita avrà un sapore diverso, sempre meno amaro e più saturo di felicità e bellezza.

Citando Barack Obama: *"Il cambiamento non avverrà se aspettiamo che arrivi un'altra persona, o un altro tempo. Noi siamo quelli che stavamo aspettando. Noi siamo il cambiamento che stavamo cercando."*

Renditi conto che le scuse e le lamentele che forse usi ancora, sono una parte di te fasulla (ego) che cerca di farti rimanere dove sei per paura.

Il vero te è dentro, che aspetta solo di sbocciare.

Sicuramente hai vissuto come tutti delle situazioni dure, magari anche in ambienti particolari e con persone tutt'altro che amorevoli, ma non ti sei arreso e sei passato attraverso il caos... Eppure eccoti qui a leggere per cercare risposte, per sapere come fare o come risolvere le tue cose. Come ripeto spesso: I libri ti aiuteranno a ragionare, darti degli spunti, ma la vera magia è dentro di te.

Quindi è tempo di sbocciare!

Se non hai ancora radicato le tue vere qualità e doni, inizia ora! Emanerai la tua vera luce, sprigionerai tutta l'energia che hai dentro e che forse è bloccata da tempo.

Passando attraverso il dolore, la tramuterai in forza e consapevolezza.

Sei pronto a vedere più di quello che sei veramente?

Vinci il "caos" dentro di te e attraverserai ogni cosa senza più farti soggiogare dalle emozioni e dai problemi.

Rilascia il tuo potere e fai sbocciare la tua vera magnificenza!

E' tempo che tu fiorisca!

Conclusione

Di solito alla fine di ogni libro, amo condividere una benedizione o un augurio. Ma questa volta desidero concludere con un ultimo messaggio cara anima amica:

Non ti arrendere mai, perchè nessuna situazione o periodo spiacevole dura per sempre.

La vita è un percorso stupendo, e lo diventa sempre più quando ci prendiamo cura di noi stessi con amore.

Se ci comprendiamo, perdoniamo, trattiamo con rispetto e siamo sinceri con noi stessi, il panorama cambierà, così come le persone che avremo al nostro fianco.

Mentre concludevo questo libro, proprio stasera io e un paio di miei amici parlavamo del passato.

Siamo cresciuti in paesini vicini e conosciuto vari contesti sociali e diverse persone che abbiamo incontrato durante il nostro cammino e che sono ancora bloccate nella loro vecchia vita, ci hanno mostrato come evitando la crescita e il dolore si finisce per stare peggio. Noi tre siamo i "superstiti" di una grande comitiva che un tempo frequentavamo.

Non lo elenco per vanto, ma per lasciarti un messaggio importante: aldilà di dove ti trovi e della tua attuale situazione, sei più forte del tuo dolore, delle tue ricadute, e tutt'altro che fragile.

Tu non devi vincere il mondo, ma te stesso.

Se lo fai, smettila di vederti come un nemico, e inizia a darti le uniche cose di cui hai più bisogno: il tuo amore e il tuo tempo.

Una quindicina di anni fa, quando ero all'inizio di questo percorso, seguivo spesso Bob Proctor, e in una sua email (Proctor & Gallagher) - come racconto anche nel mio libro *"Tu, l'Universo e il Denaro"* - c'era una sua frase che diceva *"il cambiamento è inevitabile, la crescita personale è una scelta",* ebbene quella sua frase mi spinse a prendere una decisione che mi cambiò la vita. Oggi grazie a quel messaggio e a quella decisione presa posso ben dire che è tutta un'altra cosa, in ogni ambito.

Naturalmente come tutti non sono esente da "giorni di tempesta".

Ma noterai come questo processo ti permetterà di danzare sotto la pioggia e procedere nel migliore dei modi.

Da oggi scegli il meglio per te e dattelo ogni giorno e la vita "prenderà" sempre la forma che gli darai.

Credici, agisci, lasciati andare e permetti a ogni cosa di manifestarsi attirandole a te.

Sicuramente ne hai passate tante, è tempo di andare avanti e vivere al meglio, te lo meriti.
Con amore

- *Chris Tomei*

Se desideri approfondire questi argomenti e avere altro materiale che ti aiuterà a cambiare la tua vita, puoi trovare i miei libri su Amazon, sono tutti disponibili sia in formato cartaceo che versione ebook.

Inoltre se hai domande o se posso aiutarti, puoi contattarmi sulla mia pagina facebook *"La Legge di Attrazione e l'Universo – Chris Tomei",* sarò lieto di rispondere alle tue domande e dedicarti del tempo **in modo gratuito**. Infine se ti è piaciuto questo libro, sarei grato di ricevere una tua recensione. Grazie infinite per il tuo supporto. Ti auguro il meglio.

Tu, l'Universo e il Denaro
- Chris Tomei

Questo libro vi aiuterà a conoscere e comprendere meglio voi stessi, a superare le vostre paure e conquistare la vostra mente. Prenderemo in esame il potere che è dentro di noi per ottenere tutto ciò che desideriamo tramite lo studio delle Leggi Universali (come la Legge di Attrazione) e come possiamo migliorare anche la nostra situazione economica. Durante la lettura riusciremo a comprendere quali paradigmi e quali pattern non ci aiutano a realizzare tutto ciò che desideriamo, con pratici esercizi e mantra ci ripuliremo dalle limitazioni autoimposte e convinzioni più radicate per vivere la vita che abbiamo sempre desiderato. Tutto quello di cui hai bisogno per vivere i tuoi sogni è dentro di te, libera il tuo potenziale.

The Door: Tu sei la chiave di Tutto
– Chris Tomei

Se desideri una salute sempre più ricca e godere del proprio fisico, se desideri la felicità e vivere il vero amore, se desideri migliorare la tua situazione economica e che la tua vita decolli in ogni ambito, devi risvegliarti, e capire chi sei veramente. Occorre a volte del tempo per esaminare la propria vita, per questo motivo è importante essere cosciente delle realtà che ci circondano e risvegliare noi stessi, così da comprendere che non siamo solo carne e ossa ma sopratutto energia. Se vogliamo rivoluzionare la nostra vita e portarla a livelli che osiamo solo immaginare e vogliamo un cambiamento tutto inizia da noi... Desideri aprire la porta della tua crescita e rinascita che ti porterà a vette strepitose? Trova la chiave che è dentro di te... L'Universo è in attesa di donarti ciò che meriti.

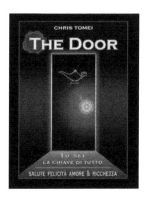

L'ABC della Legge di Attrazione
-   Chris Tomei

L'Universo è pieno di segreti da scoprire, tra questi esistono leggi che ci aiutano a creare la nostra realtà, La Legge di Attrazione è una di esse.

Scopri come liberare il tuo potere per vivere la vita che desideri. Attraverso questo manuale comprenderai meglio perchè determinate situazioni si ripetono nella tua vita e come puoi rivoluzionare ogni cosa per ricevere tutto quello che hai sempre sognato.

Ogni cosa risponde alla tua vibrazione, allinea il tuo potere secondo i tuoi desideri... entra nel vortice di abbondanza dell'Universo.

La Legge di Attrazione:
"Il Segreto dell'Abbondanza
e la Ricchezza"
- Chris Tomei

Come mai il denaro sembra essere l'energia più difficile da materializzare nella nostra vita? Prenderemo in esame come far fluire i flussi di benessere nella nostra vita, come attirarli senza rincorrerli ne respingerli, divenendo delle vere e proprie calamite. Andremo nel profondo di noi stessi, comprendendo meglio le radici che si son formate nel corso del tempo. Esamineremo quali sono le credenze e convinzioni più popolari riguardo il denaro e quali sono le modifiche da fare per migliorare la nostra situazione economica.

Nuova Mentalità = Nuovi Risultati.

L'Effetto Specchio
-    Chris Tomei

Tante sono le cose che si manifestano nella nostra vita. Talvolta le diamo per scontate, ma se le osserviamo con occhi attenti e discernimento, possiamo notare come l'esterno, la nostra realtà, corrisponde a un'estensione del nostro mondo interiore, fatto di convinzioni, sogni e resistenze.

In questo manuale andremo oltre la comprensione della Legge dello Specchio, per scoprire e comprendere cosa alberga realmente dentro di noi.

Noteremo come le altre leggi universali rispondono alla nostra vibrazione, completando il cerchio.

"Come in alto così in basso, come dentro, così fuori".

Introduzione alle Leggi Universali
- Chris Tomei

Cosa sono le Leggi Universali come ad esempio la Legge di Attrazione? Son sempre esistite? Come possono aiutarci a migliorare la nostra vita? In questo manuale saranno esaminate queste e altre domande.

Vedremo inoltre come allineare mente, corpo e spirito per dare una svolta "vibrazionale" alla nostra vita, in modo da attirare e manifestare quello che vogliamo vivere.

La distanza tra noi e i nostri sogni passa attraverso un processo interiore di riscoperta.

L'Amore: l'energia più potente di tutto l'Universo

E' una forza guaritrice e potente, è ovunque è l'Universo ne è pieno. E' il campo magnetico più forte del nostro corpo, riesce a influenzare, spostare, cambiare ogni cosa. Quando ci apriamo ad esso, riusciamo a cambiare e stravolgere la nostra vita in meglio. L'amore, è in tutto il creato, la creazione stessa è un atto di amore. E' l'essenza che ogni essere vivente ha dentro di sé. In ogni cosa, in ogni luogo, in ogni atomo, l'amore è presente. E' l'energia, la vibrazione e la frequenza che da vita a tutto. Ci dà uno scopo per vivere, sopravvive alla morte e va oltre, nell'infinito e non ha fine.

Possiamo sintonizzarci sempre più con esso, liberandolo prima di tutto da dentro.

…L'amore ha questo potere: ti sveglia, ti guarisce e rende la tua vita un viaggio eterno.

Ringraziamenti

Desidero ringraziare come sempre in primis la mia compagna di viaggio Cris, per il suo amore, sostegno e supporto.

Ringrazio Amanda e Gioele per aver condiviso il loro esempio di forza con me e per avermi insegnato tanto. Il mio amico Joe per la sua pazienza nel sopportarmi, la mia amica Paola per il suo trasmettermi pazzia (nel senso buono), Nicoleta per il suo supporto verso gli autori. Grazie infinitamente inoltre alla pagina *La Legge di Attrazione è la Chiave* per la condivisione dei miei scritti.

Infine ma non per meno importanza tutti gli amici e parenti vicini e lontani che mi sono stati vicino e d'ispirazione.

Ma soprattutto grazie di cuore come sempre a voi tutti per il vostro supporto e amore.

Printed in Great Britain
by Amazon